国際交流基金 日本語教授法シリーズ **12**

学習を評価する

国際交流基金 著

 国際交流基金

国際交流基金 日本語教授法シリーズ
【全14巻】

 第 1 巻「日本語教師の役割／コースデザイン」

 第 2 巻「音声を教える」［音声・動画・資料　web付属データ］

 第 3 巻「文字・語彙を教える」

 第 4 巻「文法を教える」

 第 5 巻「聞くことを教える」［音声ダウンロード］

 第 6 巻「話すことを教える」

 第 7 巻「読むことを教える」

 第 8 巻「書くことを教える」

 第 9 巻「初級を教える」

 第 10 巻「中・上級を教える」

 第 11 巻「日本事情・日本文化を教える」

 第 12 巻「学習を評価する」

 第 13 巻「教え方を改善する」

 第 14 巻「教材開発」

■はじめに

　国際交流基金日本語国際センター（以下「センター」）では1989年の開設以来、海外の日本語教師のためにさまざまな研修を行ってきました。1992年には、その研修用教材として『外国人教師のための日本語教授法』を作成し、主に「海外日本語教師長期研修」の教授法の授業で使用してきました。しかし、時代の流れとともに、各国の日本語教育の状況が変化し、一方、日本語教授法に関する研究も発展したため、センターの研修の形や内容もさまざまに変化してきました。

　そこで、現在センターの研修で行われている教授法授業の内容を新たにまとめ直し、今後の研修に役立て、また広く国内外の日本語教育関係のみなさまにも利用していただけるように、この教授法シリーズを出版することにしました。この教材の主な対象は、海外で日本語教育を行っている日本語を母語としない日本語教師ですが、広くそのほかの日本語教育関係者や、改めて日本語教授法を独りで学習する方々にも役立てていただけるものと考えます。また、現在教師をしている方々を対象としていますが、日本語教育経験の浅い先生からベテランの先生まで、できるだけ多くのみなさまに利用していただけるよう工夫しました。

■この教授法シリーズの目的

　このシリーズでは、日本語を教えるための必要な基礎的知識を紹介するだけでなく、実際の教室で、その知識がどう生かせるのかを考えてもらうことを目的としています。

　国際交流基金日本語国際センターでは、教師の基本的な姿勢として、特に次の能力を育てることを目的として研修を行ってきました。その方針はこのシリーズの中でも基本的な考え方となっています。

1）自分で考える力を養う

　理論や知識を受身的に身につけるのではなく、自分で考え、理解して吸収する力を身につけることを目的とします。

2）客観性、柔軟性を養う

　自分のこれまでの方法、考え方にとらわれず、ほかの教師の意見や方法を知り、客観的に理解し、時には柔軟に受け入れることのできる教師を育てることをめざします。

3）現実を見つめる視点を養う

つねに現状や与えられた環境、自分の特性や能力を客観的に正確に把握し、自分の現場に合った適切な方法を見つける姿勢を育てることをめざします。

4）将来的にも自ら成長できる姿勢を養う

研修終了後もつねに自分自身で課題を見つけ、成長しつづける自己研修型の教師を育てることをめざします。

■この教授法シリーズの構成

このシリーズは、テーマごとに独立した巻になっています。どの巻からでも学習を始めることができます。各巻のテーマと概要は以下の通りです。

第 1 巻	日本語教師の役割／コースデザイン	日本語を教えるうえでの全体的な問題をとりあげます。
第 2 巻	音声を教える	
第 3 巻	文字・語彙を教える	
第 4 巻	文法を教える	各項目に関する基礎的な知識の整理をし、具体的な教え方について考えます。
第 5 巻	聞くことを教える	
第 6 巻	話すことを教える	
第 7 巻	読むことを教える	
第 8 巻	書くことを教える	
第 9 巻	初級を教える	各レベルの教え方について、総合的に考えます。
第10 巻	中・上級を教える	
第11 巻	日本事情・日本文化を教える	
第12 巻	学習を評価する	
第13 巻	教え方を改善する	
第14 巻	教材開発	

■この巻の目的

評価の対象や目的はいろいろありますが、この巻が扱うのは、日本語学習の目標としたことをどれだけ達成したかを測る到達度評価です。到達度評価を行う方法や留意点について、具体的に紹介しています。

この巻が重要だと考えるのは次の4点です。

①教えたことを測ること：

教育が効果的に働くためには、まず、学習者の学習目標と教える内容や方法が合致していること、次に、教えたことと評価の内容や方法が合致していることが重要です。この巻は教える内容や方法を扱いませんが、読者のみなさんは、この巻で評価の内容や方法を考える際、自分が教えた内容や方法と合っているかをよく考えてください。

②目的に合った「ものさし」を使うこと：

適切な評価のためには、目的に合った「ものさし」を使うことが重要です。たとえば、学習目的の中に話す力の向上が入っているのであれば、筆記テストだけでなく、話すテストも導入するなど、評価したいものをできるだけ直接的に測ることを提案します。また、その「ものさし」を学習者にも提示することは、学習者の日常の学習に指針を与え、学習目的に合った学習方法を習慣づけることにもつながります。

③テストでは測りにくい学習の要素も評価すること：

多くの教師や学習者はテストとその結果を重視する傾向があり、テストは社会的にも大きな役割を持っています。しかし、異文化理解能力、学習意欲や努力など、テストでは測りにくい学習の側面も学習を支える重要な要素です。この巻では、ポートフォリオを通してテストでは測りにくい学習の要素も積極的に評価していくことを提案します。

④学習者の自己評価の力を育てること：

学習の評価は教師が行うだけでなく、学習者が自分自身を評価する視点を持つことが重要です。学習者が自己評価の視点を持つことは、学習者が自分に合った学習方法を探し、自分の力で学習を進めていくことにつながります。

■この巻の構成

1. 全体の構成

この巻の構成は、以下のようになっています。

1.「学習を評価する」とは	誰が何のために評価を行うのか、評価はコース全体の中でどんな位置づけにあるのか、何を評価の対象にするのか、評価の方法にはどんな種類があるのかなど、基本的なことを確認します。
2. テストによる評価	テストは、学習者の知識や能力を評価するために最もよく使われる方法です。本章では、まず、テストには大きく分けてどんな種類があり、それぞれどんな特徴を持っているか確認します。そして、質のよいテストを作るために気をつけなければならない留意点を紹介します。これらを踏まえた上で、実際にテストを作成し、実施し、結果をフィードバックするまでの一連の流れを見ていきます。
3. テストによらない評価	テストでは測りにくい学習の要素を評価する方法として、ポートフォリオを紹介します。ポートフォリオにはどんな物をどのぐらい入れるのか、ポートフォリオの評価はどうするのかなどについて、具体的に考えていきます。

2．各章の構成

この巻のそれぞれの章には、次のような部分があります。

 ふり返りましょう

自分自身の体験や考え方をふり返ります。

 考えましょう

この巻で紹介した考え方や方法などを踏まえ、具体的に考えます。

 やってみましょう

この巻で紹介した考え方や方法などを踏まえ、実際にやってみます。

 整理しましょう

各章や各節で学んだことをもう一度整理します。

◆重版に際しての修正点

本書3刷の発行に際しまして、p.72-73のコラムを＜ ACTFL-OPI ＞から＜話す力を測るテスト＞に変更いたしました。

これは、ACTFL-OPI 以外に「とよた日本語能力判定」で「聞く、話す」テストが、そして「JF日本語教育スタンダード」でロールプレイテストが公開され、話す力を測るテストに特筆すべき変化が生じたことが大きな理由です。

目次

1 「学習を評価する」とは …… 2
- 1-1. 誰のための評価か …… 2
- 1-2. 何を目的とした評価か …… 3
- 1-3. どんな能力を評価するか …… 7
- 1-4. 評価の方法 …… 10
- 1-5. 学習者にとっての評価 …… 12

2 テストによる評価 …… 18
- 2-1. テストが測るもの …… 18
  - (1) 言語を知識に分解して測るテストと統合的な運用を測るテスト
  - (2) 実生活の言語運用に近いテスト
  - (3) 採点の基準
  - (4) テストで測れるもの・測れないもの
- 2-2. テスト作成の留意点 …… 25
  - (1) 妥当性
  - (2) 信頼性
  - (3) 真正性
  - (4) 学習への波及効果
- 2-3. テストの問題例―言語知識を測るテスト― …… 33
  - (1) 文字のテスト
  - (2) 語彙のテスト
  - (3) 文法のテスト
- 2-4. テストの問題例―統合的な運用を測るテスト― …… 46
  - (1) 読む力／聞く力を測るテスト
  - (2) 書く力／話す力を測るテスト

2-5. テストの設計 ･･･ 74
　(1) テストの全体像を確認する
　(2) テストを作る
　(3) テストを実施する
2-6. テスト得点の分析 ････････････････････････････････････ 93
　(1) 正答率と識別力
　(2) 平均値と中央値
　(3) 度数分布表とヒストグラム
　(4) 標準偏差

3 テストによらない評価 ･･････････････････････････････････ 106

3-1. ポートフォリオとは ････････････････････････････････ 106
3-2. ポートフォリオには、いつ、何を、どのぐらい入れるか ････ 108
3-3. ポートフォリオの評価はどのように行うか ････････････ 113
3-4. 自己評価の力を育てるために ････････････････････････ 115

解答・解説編 ･･ 118

【参考文献】･･･ 137

巻末資料 ･･･ 139

1 「学習を評価する」とは

「学習を評価する」ことは、表紙のイラストが示すように、日本語学習の成果や学習者の成長を何らかの「ものさし」で測ることです。学習者は、この「ものさし」で自分の成長を知ることによって、自信をつけ、学習を先に進める力を得ます。どんな日本語コースも何らかの「ものさし」を使っているだろうと思います。あなたが教えて

いるコースでは、どんな「ものさし」を使っているでしょうか。その「ものさし」で何を測っているでしょうか。「ものさし」の目盛りはどれだけ正確にできているでしょうか。また、測った結果は誰が何のために使っているでしょうか。本書では、これらのことを考えていきます。

1-1. 誰のための評価か

 考えましょう

【質問1】
学習の評価は誰が誰のために行うものですか。次のそれぞれの立場の人にとって評価がなぜ必要か考えてください。
- A. 教師
- B. 学習者
- C. 学習者の周囲の人々（両親、会社の上司、学校関係者など）

まず、評価は、**教師が学習者の学習の成果を測る**と同時に、**教師の指導の成果を測る**ものでもあることを確認しましょう。教師は、自分自身も評価の対象になっていることを認識し、その結果を指導の内容や方法に生かしていくことが重要です。

また、教師が学習者のために行う評価だけでなく、**学習者が自分自身の学習成果を確認する**こと（自己評価）も重要です。言語学習は、コースで学習する一定期間で終わるものではなく、一生にわたる学習ですから、学習者が自分自身の学習目標

に対する評価の観点をしっかりと持つことは、一生の学習を支える大きな力になります。

さらに、評価は、教師と学習者だけでなく、周囲の人々にとっても大きな意味を持ちます。たとえば、学習者が年少者である場合、学習者の両親は自分の子どもの成長（日本語力の伸び）に大きな関心を持っています。また、学習者が社会人で仕事のために日本語を学んでいる場合、上司は部下である学習者の日本語力に関心を持っています。さらに、教育を管理する立場にある学校関係者（校長、学科長、学部長など）も教育の成果に関心を持ち、時にはそれによって日本語コースの拡大や縮小、予算の増減などが判断されます。評価の及ぼす影響は教師や学習者の存在を超えて、広い範囲に及んでいます。

1-2. 何を目的とした評価か

評価は、その目的から、次の2種に大きく分けることができます。
(a) 到達度評価：コースが提供する一定の学習内容をどれだけ達成したかを測る
(b) 熟達度評価：（学習者の学習歴とは関係なく）一般的な言語能力を測る

ここでは、評価の方法の1つであるテストを例に、その目的を考えてみましょう。

 考えましょう

【質問2】

(1)～(5)は、それぞれ何を調べるために行われるテストでしょうか。また、それぞれ(a)到達度評価、(b)熟達度評価のどちらでしょうか。

(1) プレースメント・テスト
(2) 小テスト
(3) コースの定期テスト
(4) 卒業試験／修了試験
(5)「日本語能力試験」

本書では、コースで学ぶ学習者の学習成果を評価することを考えていくので、小テストや定期テストのような(a)到達度評価を扱います。コースに入る前の入学試験やプレースメント・テストのような(b)熟達度評価は、本書では扱いません。「日

本語能力試験」については、p.16のコラムを参照してください。

 ふり返りましょう

【質問3】
テスト以外にどんな到達度評価の方法があるでしょうか。
テストのほかに、あなたは、いつ、どんな機会に、何を見て、学習者の日本語能力を評価していますか。

　テスト以外にも、授業における学習者の観察、学習者との面談、「ポートフォリオ」、「ジャーナル」など、いろいろな評価があります。本書では、第2章でテストによる評価を、第3章でテストによらない評価として「ポートフォリオ」を取り上げます。

　到達度評価がコース全体の中でどんな位置づけにあるのか、考えてみましょう。次ページの図1は、到達度評価に関わる要素の関係を示したものです。学習には、学習者のニーズや能力、学習のために使うことができる時間、学習のために使うことができるリソース（教材、設備、目標言語が使用できる環境など）、教師の能力や態勢（人数や立場など）など、さまざまな条件があります。教師は、これらの**学習の諸条件**を考えた上で、まず**指導目的**を設定し、次に指導目的に応じた**指導計画**を立て、さらには指導計画にそって**指導を実行**します。**学習の結果**は、指導の実行の成果として得られるものです。本書が考えていくのは、最後の「学習の結果」を評価することですが、その内容や方法には、「学習の諸条件」「指導目的」「指導計画」「指導の実行」のすべてが関わっています。

　図中の(1)〜(5)の矢印は、それぞれの段階が他の要素の影響を受けていることを示しています。また、(1)〜(5)は、学習がうまくいっているかどうかを確認するチェックポイントでもあります。いずれかのポイントに問題があれば、指導目的、指導計画、あるいは指導の実行内容を修正していくことが必要で、評価の方法だけを工夫しても解決することはできません。

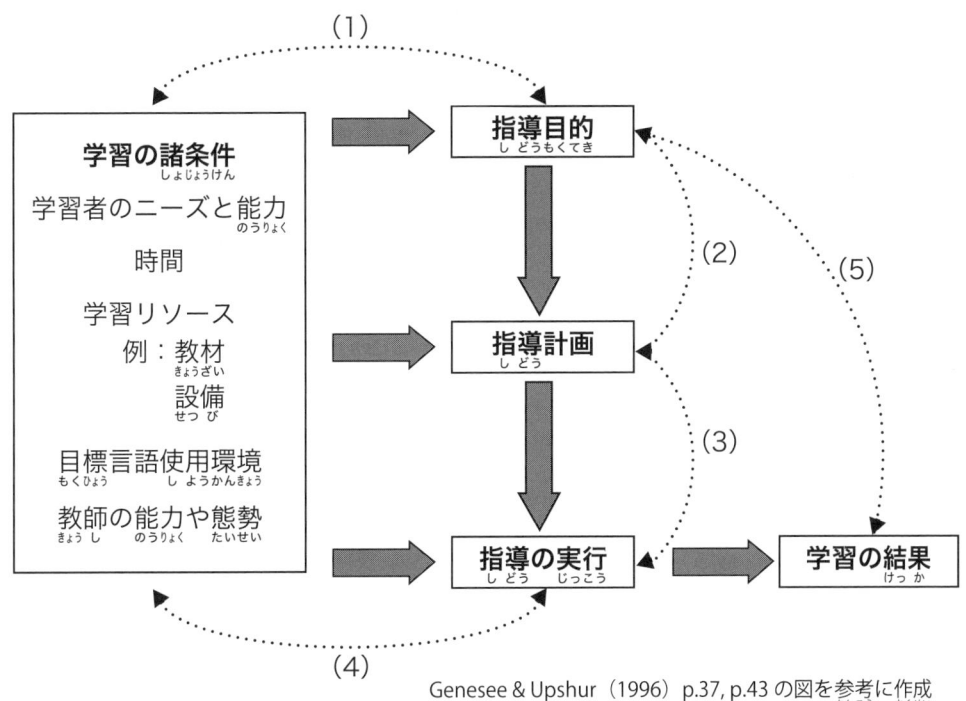

Genesee & Upshur (1996) p.37, p.43 の図を参考に作成

図１：学習評価に関わる要素の関係図

チェックポイント (1)：「指導目的」は、「学習の諸条件」に照らして無理がないか
チェックポイント (2)：「指導計画」は、「指導目的」を達成できるようになっているか
チェックポイント (3)：「指導の実行」は、「指導計画」の通りに行われているか
チェックポイント (4)：「指導の実行」は、「学習の諸条件」に照らして無理がないか
チェックポイント (5)：「学習の結果」は、「指導目的」が目指したものと合致しているか

　チェックポイント (1)〜(5) のいずれに問題があっても、学習はうまく進みません。たとえば、いくら「指導計画」通りに「指導の実行」を行おうとしても、学習に使える時間や学習リソース（教材や設備など）が十分になければ「指導の実行」はうまく行かず、そのような場合は「指導目的」から考え直す必要があります。「学習の結果」が「指導目的」の目指したものに到達しない場合、それは「指導計画」や「指導の実行」に問題がある場合もありますが、「指導目的」自体が「学習の諸条件」（学習時間や目標言語使用環境）に合っていない場合もあります。「指導目的」自体が現実的でなければ、いくら指導に力を入れても成果は上がりません。
　(1)〜(5) のチェックポイントは、コースが始まる前からコース終了後まで、何度

5

もくり返しチェックする必要があります。「評価」とは、「学習の結果」だけから学習成果を調べることではなく、コースの途上で常に(1)～(5)をチェックして指導と学習を調整することなのです。

 ふり返りましょう

【質問4】
あなたの学習者としての経験、あるいは教師としての経験から、学習がうまくいっていないと感じたことがありますか。あるとすれば、それは図1の(1)～(5)のどの部分に問題があったからだと思いますか。チェックポイント(1)～(5)にそって考えてみましょう。

 考えましょう

【質問5】
同じようなニーズや能力を持った学習者50人を25人ずつ2クラスに分けました。図1に照らせば、2クラスの「指導目的」は同じです。1つのクラス（Aクラス）は教師Aが、もう1つのクラス（Bクラス）は教師Bが教えるとします。学習の到達度を測る学期末テストを作るとき、次の(1)(2)のどちらのほうがいいと思いますか。また、それはなぜですか。

(1) 教師Aと教師Bがそれぞれ自分で作ったテストを行う。
(2) 教師A、Bが共同で作ったテストを行う。

　テストは「学習の結果」を測る「ものさし」の役割を持ちますが、「指導目的」が同じであれば、その到達度は同じ「ものさし」で測ったほうが合理的だと考えられます。「指導の実行」の過程では、2人の教師の個性によって日々の授業内容はまったく同じではないかもしれませんが、「指導目的」が同じであれば、「学習の結果」として目指すものは同じであるはずだからです。
　このように考えてみると、複数の教師がそれぞれのクラスを教える場合でも、「指導目的」が同じであれば、同じテスト問題を使うことは合理的だと考えられます。また、「学習の諸条件」に基づいた「指導目的」が同じであれば、同じテスト問題を複数の年度にわたって使うことも有効です。そうすることによって、今年の学習者

を昨年の学習者と比べる、あるいは過去5年間の学習者の到達度を比べることもできます。

「学習の結果」を測る到達度評価は、指導した内容に基づいたものでなければなりませんが、「学習の結果」を「指導目的」に照らしてみることで、指導した内容や方法をふり返り、調整することにもつながります。

1-3. どんな能力を評価するか

国際交流基金は、日本語の教え方、学び方、そして評価の方法を考えるために「JF日本語教育スタンダード」(*1) を開発しました。「JFスタンダードの木」（pp.8-9、図2）は、日本語に関するさまざまな能力を表現しています。私たちが「日本語能力を評価する」と言うとき、どんな能力を評価しようとするのか、この「JFスタンダードの木」を見ながら考えてみましょう。

「JFスタンダードの木」では、日本語能力をさまざまなカテゴリーに分けています。まず、「産出」「受容」「やりとり」「言語構造的能力」「社会言語能力」「語用能力」が「木」のどこにあるか、また、右側のカテゴリーの説明を見て、その内容を確認してください。

 考えましょう

【質問6】
次の (1) ～ (10) は、「JFスタンダードの木」の「産出」「受容」「やりとり」「言語構造的能力」「社会言語能力」「語用能力」のどれに当たるでしょうか。
(1) 漢字の知識　　　　　　　　(2) 文法の知識
(3) 説明文を読む　　　　　　　(4) レポートを書く
(5) スピーチを聞く　　　　　　(6) メールのやりとりをする
(7) プレゼンテーションをする　(8) アルバイトのための面接を受ける
(9) 文と文を適切につなぐ（ことができる）知識
(10) 公式な場面とくだけた場面でことばを使い分ける

JF日本語教育スタンダード
JFスタンダードの木

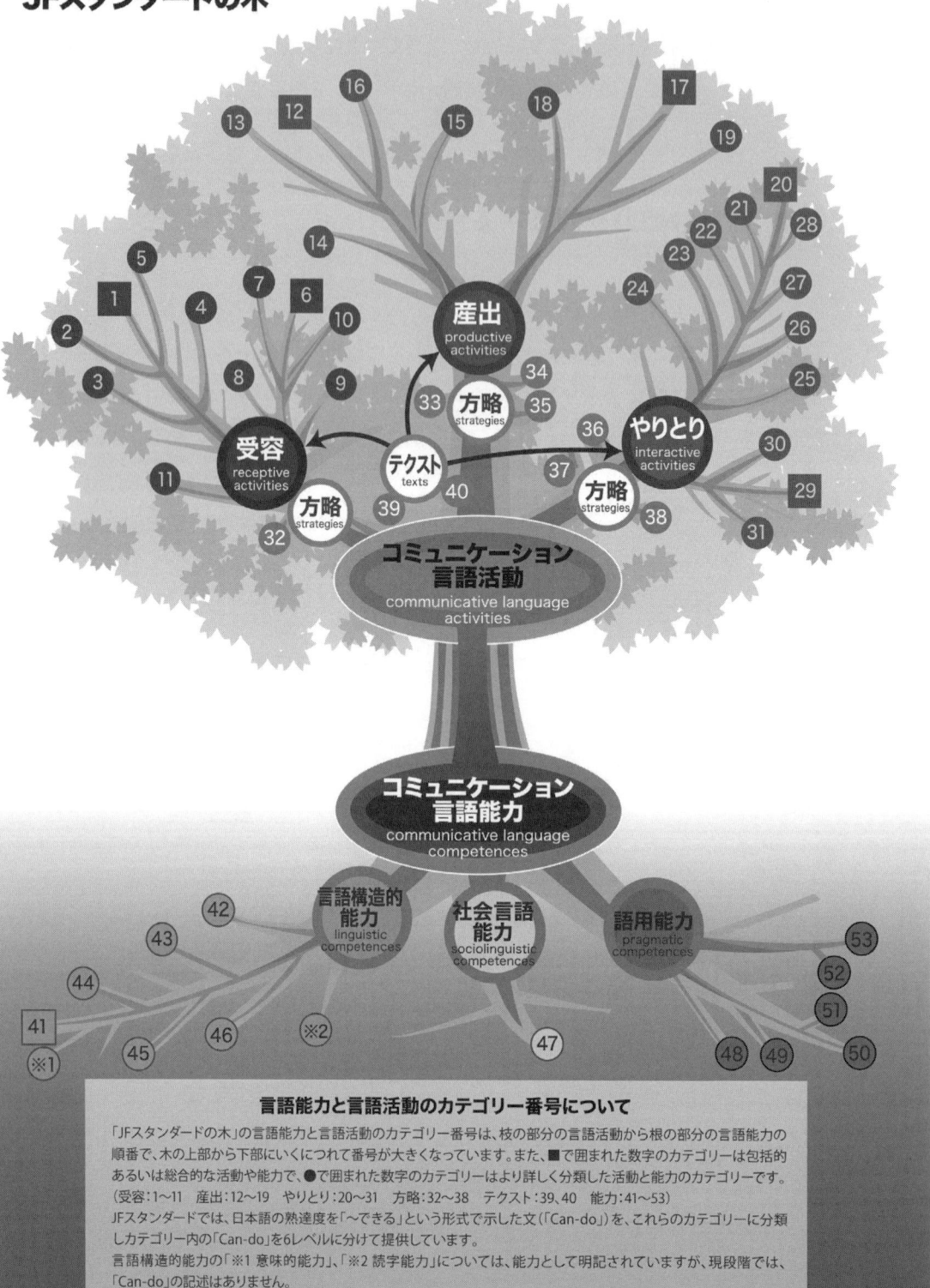

産出 productive activities
受容 receptive activities
やりとり interactive activities
方略 strategies
テクスト texts

コミュニケーション言語活動
communicative language activities

コミュニケーション言語能力
communicative language competences

言語構造的能力 linguistic competences
社会言語能力 sociolinguistic competences
語用能力 pragmatic competences

言語能力と言語活動のカテゴリー番号について

「JFスタンダードの木」の言語能力と言語活動のカテゴリー番号は、枝の部分の言語活動から根の部分の言語能力の順番で、木の上部から下部にいくにつれて番号が大きくなっています。また、■で囲まれた数字のカテゴリーは包括的あるいは総合的な活動や能力で、●で囲まれた数字のカテゴリーはより詳しく分類した活動と能力のカテゴリーです。

(受容:1〜11　産出:12〜19　やりとり:20〜31　方略:32〜38　テクスト:39, 40　能力:41〜53)

JFスタンダードでは、日本語の熟達度を「〜できる」という形式で示した文(「Can-do」)を、これらのカテゴリーに分類しカテゴリー内の「Can-do」を6レベルに分けて提供しています。

言語構造的能力の「※1 意味的能力」、「※2 読字能力」については、能力として明記されていますが、現段階では、「Can-do」の記述はありません。

コミュニケーション言語能力とコミュニケーション言語活動のカテゴリー
(communicative language competences) (communicative language activities)

コミュニケーション言語活動 communicative language activities

産出

活動
- 12 話すこと全般 overall oral production
- 13 経験や物語を語る sustained monologue: describing experience
- 14 論述する sustained monologue: putting a case (e.g. in a debate)
- 15 公共アナウンスをする public announcements
- 16 講演やプレゼンテーションをする addressing audiences
- 17 書くこと全般 overall written production
- 18 作文を書く creative writing
- 19 レポートや記事を書く reports and essays

方略
- 33 表現方法を考える planning
- 34 (表現できないことを)他の方法で補う compensating
- 35 自分の発話をモニターする monitoring and repair

受容

活動
- 1 聞くこと全般 overall listening comprehension
- 2 母語話者同士の会話を聞く understanding conversation between native speakers
- 3 講演やプレゼンテーションを聞く listening as a member of a live audience
- 4 指示やアナウンスを聞く listening to announcements and instructions
- 5 音声メディアを聞く listening to audio media and recordings
- 11 テレビや映画を見る watching TV and film
- 6 読むこと全般 overall reading comprehension
- 7 手紙やメールを読む reading correspondence
- 8 必要な情報を探し出す reading for orientation
- 9 情報や要点を読み取る reading for information & argument
- 10 説明を読む reading instructions

方略
- 32 意図を推測する identifying cues and inferring (spoken & written)

やりとり

活動
- 20 口頭でのやりとり全般 overall spoken interaction
- 21 母語話者とやりとりをする understanding a native speaker interlocutor
- 22 社交的なやりとりをする conversation
- 23 インフォーマルな場面でやりとりをする informal discussion (with friends)
- 24 フォーマルな場面で議論する formal discussion and meetings
- 25 共同作業中にやりとりをする goal-oriented co-operation (e.g. repairing a car, discussing a document, organising an event)
- 26 店や公共機関でやりとりをする transactions to obtain goods and services
- 27 情報交換する information exchange
- 28 インタビューする/受ける interviewing and being interviewed
- 29 文書でのやりとり全般 overall written interaction
- 30 手紙やメールのやりとりをする correspondence
- 31 申請書類や伝言を書く notes, messages & forms

方略
- 36 発言権を取る(ターン・テイキング) taking the floor (turn-taking)
- 37 議論の展開に協力する co-operating
- 38 説明を求める asking for clarification

テクスト
- 39 メモやノートを取る note-taking (lectures, seminars, etc.)
- 40 要約したり書き写したりする processing text

コミュニケーション言語能力 communicative language competences

言語構造的能力
- 41 使える言語の範囲 general linguistic range
- 42 使用語彙領域 vocabulary range
- 43 語彙の使いこなし vocabulary control
- 44 文法的正確さ grammatical accuracy
- 45 音素の把握 phonological control
- 46 正書法の把握 orthographic control
- ※1 意味的能力 semantic competences
- ※2 読字能力 orthoepic competences

社会言語能力
- 47 社会言語的適切さ sociolinguistic appropriateness

語用能力

ディスコース能力
- 48 柔軟性 flexibility
- 49 発言権 turn-taking
- 50 話題の展開 thematic development
- 51 一貫性と結束性 coherence and cohesion

機能的能力
- 52 話しことばの流暢さ spoken fluency
- 53 叙述の正確さ propositional precision

図2：JFスタンダードの木　『JF日本語教育スタンダード［新版］利用者のためのガイドブック』より

【質問7】

あなたが教えているコースでは、「JFスタンダードの木」のどの部分に重点を置いて教えていますか。評価の対象にしているのは、どの部分ですか。また、「JFスタンダードの木」に示されているもの以外で評価の対象にしているものはありますか。

コースの目的や特徴によって、重点を置く能力はさまざまだと思いますが、**大事なことは、「教えたことを測る」ということ**です。つまり、教えた内容と評価の内容が合致していることが必要であり、指導で重点を置いた能力は必ず評価にも含めるべきでしょう。

評価の対象に応じて、適切な「ものさし」を選んで使うことも重要です。たとえば、語彙や文法などの「言語構造的能力」を測ることは筆記テストでできますが、話すことや書くことなどの「コミュニケーション言語活動」は、言語活動そのものを行うことでしか測ることができません。また、異文化理解能力、学習意欲や努力などは、「JFスタンダードの木」には示されていませんが、学習を支える大事な要素です。「ポートフォリオ」や「ジャーナル」などは、評価の対象を異文化理解能力、意欲や努力などにも広げるものです。

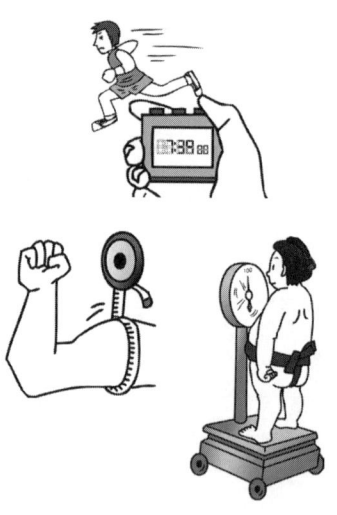

1-4. 評価の方法

 ふり返りましょう

【質問8】

あなたは評価に必要な情報をどのように集めていますか。次のうちあなたが使っている方法はどれですか。それぞれの方法について、利点と問題点を話し合ってください。

　a. 学習者の観察：教師が学習者の教室内外の日本語使用や学習方法を観察する
　b. 提出物：授業の課題や宿題として学習者が提出した作文などから学習成果を評価する

c. 調査票：学習者や学習者の周囲の人々が学習のニーズなどを記入する
　　d. 面談：教師と学習者が学習の成果や今後の課題について話し合う
　　e. 自己評価チェックリスト：現在何ができて、何ができないか、学習者自身による評価を記入する
　　f. ポートフォリオ：学習経過の記録や成果物を「ポートフォリオ」とよぶ書類入れに保存する
　　g. ジャーナル：学習者が学習の記録や感想などを記す
　　h. テスト：学習者全員に対して同じ問題を与え、一定の時間で解答させる
　　i. その他

　評価のための情報を得る方法はたくさんあり、いわゆる「テスト」は評価の方法の1つに過ぎません。調査票や面談は、学習者の個別のニーズや学習条件を知るのに役に立ちます。学習者の観察は、すべての教師が何らかの形で行っていることですが、一定の方針のもとに行ったり、記録しておくことで正式な評価に使うこともできます。また、面談や自己評価チェックリスト、ポートフォリオ、ジャーナルは、教師が学習者を評価するだけでなく、学習者が自分自身を評価する機会として重要です。

 考えましょう

【質問9】
数ある評価の方法の中でも、多くの学校や機関がテストを特に重視しているようです。その理由は何だと思いますか。

　学習者の観察や学習者との面談、ジャーナルなどでは、個々の学習者の個性を大事にした評価ができるという利点があります。一方、テストは、通常、すべての学習者を同じ条件のもとで同じ「ものさし」を使って測るために、客観性、公平性が高いと考えられます。また、テストは学習者間の比較も可能にするため、競争を刺激する一面もあります。このようなテストの特性は、肯定的にも否定的にもとらえられますが、現実の社会の中で重要な役割を持っていることは事実です。

1-5. 学習者にとっての評価

【質問1】(p.2)で見たように、評価には学習者が自分自身の学習成果を確認するという大事な役割があります。ここでは、学習者が自分の学習に責任を持ち、自己評価の力をつけるために、教師は何ができるかについて考えていきます。

学習者が自分の学習に責任を持つためには、まず、教師と学習者が学習目標を共通理解することが重要です。たとえば「自分自身や家族、仕事、趣味など、基本的なことについての自己紹介文を短い簡単な文で書くことができる」など、日本語で何がどれだけできるかを「〇〇ができる」という文で記述して、学習目標とすることが考えられます。

次のページの図3は、「〇〇ができる」という文によって学習者が自己評価を行う自己評価チェックリストの例です。このチェックリストによる自己評価は「コース開始時」「中間」「コース終了時」の3回行い、それぞれの記述について、「できない」「少しできる」「できる」「よくできる」の4段階でチェックをさせています。

「JF日本語教育スタンダード」では、「〇〇ができる」で示した「Can-do」のデータベース＜みんなのCan-doサイト＞（https://www.jfstandard.jpf.go.jp/cando）を公開しています。自己評価チェックリストを作る際には、このデータベースを活用すると便利です。

 考えましょう

【質問10】
あなたが教師として図3のような自己評価チェックリストを使うとしたら、どんな利点があり、どんな課題があると思いますか。また、あなたの学習者だったら、どんなチェック項目を設けるべきか、考えてください。

			コース開始時			中間			コース終了時		
	ケルン日本文化会館 Stufe1 08/09 自己評価チェックリスト 名前		できない	少しできる	できる	よくできる	できない	少しできる	できる	よくできる	できない	少しできる	できる	よくできる
	聞くこと	Hören										
理解すること Verstehen	(1) 授業でよく使われている簡単な指示がわかる	Kann im Unterricht oft benutzte, einfache Anweisungen verstehen										
	(2) 簡単な自己紹介を聞いて、名前・住所・好き嫌いなどが理解できる	Kann bei einer einfachen Selbstvorstellung den Namen, Adresse und Vorlieben/Abneigungen verstehen										
	(3) 人や物の位置を聞いて理解することができる	Kann Erklärungen zur Position von Menschen und Gegenständen verstehen										
	(4) カタカナ語を複数回聞いて元の言葉がわかる	Kann bei mehrmaligem Hören von Katakana-Wörtern das ursprüngliche Wort erkennen										
	(5) 誕生日・日付などの時の表現が聞いて理解できる	Kann Ausdrücke zur Mitteilung von Datum/Geburtstag verstehen										
	読むこと	Lesen										
	(6) コンピュータのカタカナ表記のコマンドを理解できる	Kann Computerbefehle in Katakana verstehen										
	(7) 駅・店・看板などで、商品の値段が読める	Kann die Preise von Waren im Bahnhof, Geschäften oder auf Plakaten etc. lesen										
	(8) 映画・イベントのポスター・ちらしなどの日付、曜日・タイトル・値段などが理解できる	Kann auf Postern und Flyern zu Filmen oder Veranstaltungen Datumsangabe, Wochentag, Titel und Preis verstehen										
	(9) はがきやカードなどの簡単なあいさつが理解できる	Kann einfache Grussformeln auf Postkarten oder Grusskarten verstehen										
	(10) カタカナで書かれているメニューが理解できる	Kann Speisekarten in Katakana verstehen										

『JF日本語教育スタンダード試行版』p.216を利用して作成

図３：ケルン日本文化会館日本語講座自己評価チェックリスト

　p.5の図１にそって言うと、自己評価チェックリストは「指導目的」を設定することです。同時に、チェックリストの項目は、学習者にとっては「学習目的」です。コースの始めに学習者がこのような自己評価チェックリストを記入することで、教師と学習者が目的を共有することができます。学習者がこのようなチェックリストにそって、「いまの自分には何ができて、何ができないか」「目標を達成するためには何が必要か」を自分で考える習慣をつけることは非常に大事です。まずは、いくつかのチェック項目から始め、実行する中でチェック項目を修正したり、増やした

りしてください。続けていくうちに、教師も学習者も「○○ができる」による目標設定に慣れていくことと思います。

　学習者が大きな関心を持つテストにおいても、何をどんな観点から評価するか、テスト前に学習者と共有しておくことが重要です。何がどのように評価されるのかを知ることは、学習者が自分の学習に主体的に関わるための第一歩だからです。

【質問11】
もし次回のテストに次のような出題があることを学習者に伝えたとしたら、学習者はそれぞれの準備として、どんな学習を行うと思いますか。
　(1) 教科書の本文の新しい単語を空白にし、それを埋める問題を出題する。
　(2) 教科書の本文を音読させ、その発音の自然さを評価する。
　(3) 教科書の会話文（誘いの会話）と似ているが同じではない設定のロールプレイを演じる。

　テストの出題内容がわかっていれば、学習者はそれに合わせた学習を行うものです。学習者にとって重要な学習内容、実際に日本語を運用する力につながるような学習方法をテストに導入し、それを学習者にわかりやすく伝えておくことは、学習者が効果的な学習を熱心に行うことにつながります。

【質問12】
テストでそれぞれの学習者ができたことやできなかったことを伝えるなど、評価の結果をフィードバックすることは、学習者にとってどんな意味がありますか。学習者にとって価値のあるフィードバックはどんな情報を含んでいるべきでしょうか。フィードバックの役割について考えてください。

　まず、「○○ができた」と学習の成果を認めることは、学習の動機づけとなります。また、これまでの学習に不足している点を明らかにし、その不足を補うような学習方法を示すことは、今後の学習の指針になります。このようなフィードバックをくり返すことで、学習者は自分で学習目標を立てたり、その目標の到達度を自分で判断できるようにもなり、自己評価の力を身につけていくことになります。

整理しましょう

　最後に、第1章で確認したことをまとめます。
　まず、評価は、教師が学習者を評価するだけでなく、教師が指導の成果を測るものでもあり、同時に、学習者自身が学習成果を評価するものでもあることを確認しました。
　また、本書は、コース学習の中での到達度を評価することに焦点を絞って考えていきますが、その際、「学習の結果」だけを見て評価するのではなく、「学習の諸条件」「指導目的」「指導計画」「指導の実行」の相互の関係に注意することが大事であることを確認しました。
　次に、日本語学習に関連するすべてが評価の対象になりうる中で、指導の内容と評価の対象が合致していることが重要であることを確認しました。指導の内容、つまり評価の対象になることには、言語知識から実際の言語運用（performance）、異文化理解能力まで、さまざまな側面があり、それに応じて評価の方法も多数あります。特に、本書は、学習者の自己評価を評価の重要な部分として考えていることから、自己評価チェックリストを作ることを提案しました。また、「JF日本語教育スタンダード」の＜みんなのCan-doサイト＞を紹介しました。

　続く第2章では、「テストによる評価」として、テストの作成・実施に当たっての基本的な知識や方法を具体的に紹介します。第3章では、「テストによらない評価」として、学習過程の記録や成果物を保存しておく「ポートフォリオ」を紹介し、テストでは測りにくい側面を評価したり、自己評価の力を育てたりする方法を考えます。

注
*1：JF日本語教育スタンダードは、ヨーロッパで開発された「ヨーロッパ共通参照枠（Common European Framework of Reference for Languages（以下、CEFR）」の考え方を基礎にして開発された。JF日本語教育スタンダードおよびCEFRについては日本語教授法シリーズ　第10巻『中・上級を教える』pp.5〜8に詳しい説明がある。

コラム＜日本語能力試験の利用＞

　あなたの学習者は日本語能力試験を受けますか。日本語能力試験の存在やその結果は、あなたが教える日本語コースにどんな影響を持っているでしょうか。

　世界中で多くの学習者が日本語能力試験を受け、学習者も教師もその結果に大きな関心を持っています。たとえば、日本語能力試験に合格した学習者の割合が学校やクラスの評価の指標として語られることも少なくありません。確かに、日本語能力試験には、学習者が日本語学習の長い過程の中で大体どの段階にいるのかを知ることができるという利点があります。しかし、ふたたび図1に照らして考えると、日本語能力試験は各日本語コースの「指導目的」に基づいて作られているわけではありませんから、コースにおける「学習の結果」を測る「ものさし」としては必ずしも適当ではありません。日本語能力試験を利用するにあたっては、世界中の数十万という受験者の中での実力を確認するという目的を明確に持ってください。また、長期間（少なくとも半年程度）の伸びを測るのに活用し、コース学習の評価とは区別して考えることが大事です。

MEMO

2 テストによる評価

2-1. テストが測るもの

　到達度を測るテストの目的は、指導したことを的確に測ることです。指導によって育てようとした能力を的確に測るためには、テストの内容や形式が測ろうとする能力に合ったものでなければなりません。以下では、まず、さまざまなテストが「何を測っているか」に注目して見ていきます。また、そのことを通して、自分が測りたい能力はどんなテストによって測ることができるのかを考えてください。

 考えましょう

【質問 13】
次の【A】～【D】のテスト問題は、それぞれどんな能力を測っていますか。言語能力は、大きく (1) 知識と (2) 運用 (performance) に分けることができますが、それぞれのテスト問題が測っているのは、どちらでしょうか。また、同じく「知識」あるいは「運用」であっても、どんな知識、どんな運用を測っているか、考えてください。

【A】

　　　　のところに　何を　入れますか。1・2・3・4から　いちばん　いい　ものを　一つ　えらびなさい。

(1) 急に　雨が　ふり＿＿＿＿。
　　1　つづけた　　2　だした　　3　でた　　4　きた

(2) めがねを　かけた＿＿＿＿　ねて　しまいました。
　　1　あいだ　　2　ながら　　3　まま　　4　まえに

『平成 16 ～ 18 年度日本語能力試験 3 級試験問題と正解』（凡人社）p.33 より

【B】

つぎの 文を 読んで、質問に 答えなさい。答えは 1・2・3・4から いちばん いい ものを 一つ えらびなさい。

アンさん、こんにちは。お元気ですか。
今も 前と 同じ 会社で 仕事を して いますか。毎日 いそがしい ですか。アンさんが、3月に 国へ 帰ってから、私の 家は 少し さびしく なりました。アンさんが 使って いた へやは 今は だれも 使って いません。父も 母も よく アンさんの ことを 話して います。私も アンさんに いただいた にんぎょうを 見て 楽しかった ときの ことを 思い出して います。そして アンさんに 教えて いただいた ケーキを ときどき 作って います。
私は 4月に 高校生に なりました。高校は 家から 遠いので、電車に 乗って 通わなければ なりません。1時間も かかるので、少し たいへん です。勉強は まだ それほど むずかしくありません。高校でも バスケットボールを つづけて います。新しい 友だちが たくさん できました。
おととい、アンさんと いっしょに 行った こうえんへ 高校の 友だちと 行きました。いろいろな 花が さいて いて、とても きれいでした。そのときに 友だちと とった 写真を いっしょに 送ります。
それでは、また 手紙を 書きます。
5月7日
　　　　　　　　　　　　　　　　　　　　さとう まりこ

(1) アンさんは 日本へ 来る 前、何を して いましたか。
1 会社で はたらいて いました。
2 店で ケーキを 作って いました。
3 にんぎょうを 作って いました。
4 高校に 通って いました。

(2) 正しい ものは どれですか。

1 まりこさんは 今 友だちが あまり いません。
2 まりこさんは 高校へ 行くのに 時間が かかります。
3 まりこさんは 今 勉強が むずかしくて たいへんです。
4 まりこさんは 高校に 入ってから バスケットボールを はじめました。

(3) 手紙と いっしょに 何の 写真を 送りますか。

1 まりこさんが とった アンさんの 写真
2 まりこさんと りょうしんの 写真
3 まりこさんと 友だちの 写真
4 まりこさんの 高校の 写真

『平成16～18年度日本語能力試験3級試験問題と正解』（凡人社）pp.37-38 より

【C】

あなたが左下の矢印の人だとします。この町の様子について、この絵を見ていない人に伝えるつもりで文章を書きなさい。（10分以内）

「教科書を作ろうれんしゅう編2」pp.204-205 を利用して作成

【D】

> 先生と二人で次の会話をしてください。
>
> 　先生は来週の土曜日に自宅でパーティーをします。先生があなたをパーティーにさそいますが、あなたは都合がわるいので、ことわってください。失礼にならないように、理由を言って、ていねいにことわってください。

(1) 言語を知識に分解して測るテストと統合的な運用を測るテスト

　【A】～【D】の各問題について、少しくわしく考えてみましょう。

　たとえば、【A】の(1)に正しく答えるためには、次のことを知っている必要があります。

- 「雨がふりでた」「ふりきた」という言語形式が存在しないこと
- 「ふりつづけた」という言語形式は使われるが、「急に」との組み合わせに意味上の問題があること
- 「急に雨がふりだした」であれば、言語形式、文全体の意味ともに問題がないこと

　つまり、【A】は、主に文型（言語形式と意味）に関する知識を持っているかどうかを測る問題だと言えます。【A】と同じような方法で、さまざまな文型、また文字や語彙に関する知識を測ることができます。
　一方、【B】では、特定の言語項目の意味や形式に関する知識ではなく、質問に答えるための情報を文章から読み取ることが求められます。ここでも言語形式に関する知識は使われますが、【A】のような分解された知識ではなく、理解のためにさまざまな種類の知識を運用しています。【C】では、絵で示された町の様子を描写することができるかどうかを問題にしています。また、「10分以内」にどれだけ多くの多様な描写ができるかも問題になり、実生活を想定した設定の中で知識が運用できる範囲や速さを調べています。【D】は会話ですから、【C】の作文のように考える時間はなく、相手の発話を聞いてすぐに反応する力が必要です。

　知識を測る問題と運用を測る問題は、完全に区別することはできませんが、図4のように位置づけることができます。

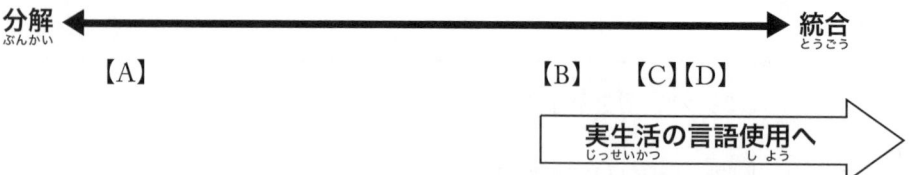

図４：言語を知識に分解して測る問題と知識の統合的な運用を測る問題

 考えましょう

【質問14】
【A】のように、①言語を文型・語・文字に分解して、その知識を測る問題と【B】【C】【D】のように、②さまざまな知識の統合的な運用を測る問題について、それぞれの利点と欠点は何か、考えてください。

　①のタイプの問題では、学習者がその知識を持っているかどうかを比較的はっきり調べることができます。つまり、その問題に正しく答えられなかった原因を指摘することができます。①のタイプの問題を出題する試験では、通常、ある程度まとまった数を出題するので、ある範囲の中で、その学習者が期待される知識をどのぐらい知っているのか、調べることができます。しかし、その学習者がその知識を使って言語を運用できるかどうかを直接調べることにはなりません。
　一方、②のタイプの問題には、運用の力を測ることができるという大きな利点があります。これは、図４の矢印が示すように、テスト問題に答える際にさまざまな能力を統合的に使って、実生活の言語使用に近い運用が行われているということです。しかし、②のタイプの問題では、さまざまな知識を統合的に使いますから、(その問題ができなかった場合に) 不足している知識や能力を特定することは難しいです。

(2) 実生活の言語運用に近いテスト

　すでに見たように、知識を統合的に運用するテストでは、テストが測っている対象を特定できません。しかし、実生活での言語運用でも、さまざまな知識や技能が統合的に使われているので、学習者の運用力を現実に近い形で測る試みは重要です。また、実際の言語運用に近いテストでは、学習者がテストでいい得点をとるために

努力することがそのまま言語運用の練習につながるという利点もあります。

 考えましょう

【質問15】
【B】【C】【D】の問題は、それぞれどのような点で実生活の言語運用に近いですか。また、どのような点で実生活の言語運用と違いますか。

　図4に示したように、実際の言語使用は右側（統合）で起こっています。また、【B】の問題は読解テキストの理解を確認する質問に多肢選択で答えるようになっていることから、【C】【D】と比べて、実際の言語使用から少し遠いと考えられます。テストで実生活の言語運用能力を測ることには限界がありますが、できるだけこの領域に近い能力を測るようにすることは重要です。

(3) 採点の基準

　テストが測るものは、テスト問題だけでなく、採点方法によっても左右されます。ここでは、採点方法の観点から【A】～【D】の4つのテストについて考えてみましょう。

 考えましょう

【質問16】
【A】～【D】の問題のうち、正答が1つしかない問題はどれですか。正答が1つに決まっていない問題はどれですか。また、学習者の言語能力を測るという観点から考えて、それぞれの長所と短所をあげてください。

　【A】【B】のような正答が1つしかない問題は、採点を簡単に、また客観的に行うことができます。しかし、現実の言語使用では、【A】【B】のように与えられた答を選ぶということはありません。また、【A】【B】のような多肢選択問題には、次のような問題点があります。
・適切な選択肢を作るのが難しい
・偶然の正解がある

一方、【C】のように学習者に文章を書かせたり、【D】のように話させる問題は、現実の言語運用に近い課題だと言えます。しかし、正答が決まっていませんから、採点の基準を明確にして、できるだけ客観的な採点方法を工夫する必要があります。（「2-2.(2) 信頼性」参照）

> 【質問 17】
> 【D】のロールプレイで次のような発話を採点する際、次の①と②では、結果はどのように違いますか。
> ①言語形式の正確さを重視して採点する場合
> ②社会言語的な適切さ（【D】の場合、先生に失礼にならないようにすることなど）を重視して採点する場合

> （略）……先生のパーティーは、とても行ってみたいです。でも、あの、とっても残念だなんですが、あの日はともだちの結婚式があります。本当、残念ですけど、……もうしわけありません。先生がさそっていただいて、本当にありがとうございます。

このように、採点基準によって採点の結果は変わり、テストが測るものも変わることになります。

(4) テストで測れるもの・測れないもの

「JFスタンダードの木」（pp.8-9）では、言語の「知識」を木の根、「運用」を木の枝にたとえて、次のように整理しています。

(1) コミュニケーション言語能力は、木の根に当たる部分で、次の3つで構成されます。
   (a) 言語構造的能力：語彙、文法規則、発音、文字、表記など
   (b) 社会言語能力：相手との関係や場面に応じた言語の適切な使用
   (c) 語用能力：文同士の関係、文章や会話全体の構造などを理解して言語を適切に使用する能力
(2) コミュニケーション言語活動は、木の枝に当たる部分で、次の3つで構成されます。

(d) 産出：一人かそれ以上の相手に向けて話すこと、書くこと
(e) 受容：聞くこと、読むこと
(f) やりとり：一人以上を相手に聞いたり話したりすること、読んだり書いたりすること

 考えましょう

【質問18】
【A】〜【D】の問題は、(a)〜(f) のどれを中心的に測っていますか。（複数の要素を測っているものもあります。）

【質問19】
【A】〜【D】の問題を次の観点から整理してみましょう。(1)(2)(3) の質問について、「はい」なら○、「いいえ」なら×、「はい」とも「いいえ」とも言える場合は△を、下の表に記入してください。
　(1) テストが測る対象（知識や能力）を特定しているか
　(2) 正答が決まっており、客観的な採点ができるか
　(3) 実生活の言語使用に近いか

	(1) 測る対象を特定	(2) 客観的な採点が可能	(3) 実生活の言語使用
【A】			
【B】			
【C】			
【D】			

　(1)(2)(3) のすべての条件を満たすテストを作るのは難しく、また、言語能力のすべての要素や側面を同時に測ることは困難です。テストを作る教師としては、まず、それぞれの問題が何を測るべきか、その対象をよく考えることが大事です。また、いくつかのタイプの問題を組み合わせて使うことで、結果として、学習者の言語能力をさまざまな側面から測ることが可能になります。

2-2. テスト作成の留意点

　テストは、質問に答えさせることによって、学習者の能力という「目に見えないもの」を「目に見える」形に置き換えて測る方法だと言えます。「目に見えないも

25

の」を「目に見える」形に置き換えるためには、いくつかのルールや留意すべき点があります。具体的には、(1) 妥当性、(2) 信頼性、(3) 真正性、(4) 波及効果の4点ですが、以下、これらについて考えていきます。

(1) 妥当性

妥当性とは、**そのテストが測るべき能力を測っているか**ということです。定期テストを作る時には、①それまでの授業で身につけたはずの能力を整理し、その上で、②それらの能力を測るのにいちばん合ったテスト問題を作る、という手続きが必要です。①あるいは②が十分に行われないと、測るべき能力が測れず、テストの妥当性が低くなります。また、学習者にとっては「せっかく教室で勉強したことがテストに出ない」「テストが難しすぎて（あるいはやさしすぎて）勉強したことが成績に結びつかない」ということになってしまい、学習意欲が下がってしまうかもしれません。

 考えましょう

『みんなの日本語初級Ⅰ』(スリーエーネットワーク)第8課を学習したという設定で、具体的に考えてみましょう。第8課の学習項目は、主に形容詞を中心とした語彙、形容詞を使った文型です。また、「会話」が訪問場面であることから、「もう一杯いかがですか。」「いいえ、けっこうです。」「そろそろ失礼します。」「またいらっしゃってください。」などの表現も学習項目に含まれます。さらに、これらの学習項目を統合した学習目標は、次のように整理できます。(本シリーズ第9巻「初級を教える」pp.40-41, p.47参照。本書「巻末資料」に転載)
　　言語行動目標：身の回りの事物の様子、感想が簡単に言える。
　　会話の目標：訪問先で日本人と日本での生活について簡単な会話ができる。食事
　　　　　　　などの勧めに対する断り、訪問先を出るときのあいさつなどができ
　　　　　　　る。

【質問20】

『みんなの日本語初級Ⅰ』第8課で学習した知識や能力を測るために、次の (1)～ (3) の3つのタイプの問題を準備したとします。上の学習目標や学習項目を参照して、次の①～③について考えてください。

① それぞれの問題例はどんな知識や能力を測ることができるか
② その知識や能力を測る上で、妥当性に問題のある問いはないか
③ この課の言語行動目標を達成しているかどうかを測るのに適切な（妥当性の高い）問いはどれか

---

(1) (　　　) の中からいちばん適当なことばをえらんで、○をつけなさい。

1) 東京は（たいへんな・にぎやかな・むずかしい・おいしい）町です。
2) 日本の食べ物は（いそがしい・たかい・ひま・ハンサム）です。
3) 日本語の勉強は（べんり・しずか・にぎやか・たいへん）です。
4) 富士山は（きれい・しろいな・ゆうめいな・たかい）山です。

(2) (　　　) のことばを適当な形に変えなさい。

1) 京都は（　有名です→　　　　　　　　　　）町です。
2) 日本語の勉強はあまり（　むずかしいです→　　　　　　　　　）。
3) 田中さんは（　おもしろいです→　　　　　　　　　）人です。

(3) 下線に適当なことばを入れなさい。

A：ごめんください。
B：あ、Aさん、いらっしゃい。
A：こんにちは。毎日あついですね。
B：ほんとうですね。つめたいお茶、どうぞ。
A：ありがとうございます。いただきます。
　　…ああ、おいしい。
B：新しいお仕事はどうですか。
A：そう＿＿＿＿＿＿。仕事はたいへんですが、おもしろいです。
B：そうですか。ICMはゆうめいな会社ですね。
A：ええ。とても大きい会社です。でも、お給料はあまり高くありません。
B：お茶、もう一杯＿＿＿＿＿＿ですか。
A：いいえ、けっこうです。もう6時ですから、そろそろ＿＿＿＿＿＿。
B：そうですか。じゃ、また＿＿＿＿＿＿てください。
A：はい、ありがとうございます。ごちそうさまでした。

①(1)は語に関する知識、(2)は文法規則に関する知識、(3)は表現に関する知識を測っています。

②出題する学習項目の種類や形式に偏りがないかどうか、日本語以外の知識や能力を測る問題になっていないかなどは、妥当性を確保する上で大事なチェックポイントです。たとえば、上の問題(1)に＜東京は（たいへんな・にぎやかな・むずかしい・おいしい）町です。＞という文がありますが、たとえば「東京」の代わりに、「さっぽろは……」あるいは「ふくおかは……」となっていたらどうでしょうか。「東京」はどんな学習者も知っていると思われますが、「さっぽろ」や「ふくおか」だと、学習者の中にその町を知っている人と知らない人がいて、その町の名前を知っている学習者とそうでない学習者で、問題の難易度が違ってしまう可能性があります。日本語の知識を正確に測るには、学習者自身の国や町の名前など、学習者全員が共通に知っている身近なトピックを使うのがいいでしょう。

③また、「身の回りの事物の様子、感想が簡単に言える」という言語行動目標が達成されたかどうかは、上の(1)(2)のような問題だけでは十分に確認することができません。(1)(2)のような問題では、学習者がその事物についてどんな感想を言うべきか考えた上で、ふさわしい形容詞を選び、発話したり書いたりするプロセスが実現できないからです。たとえば、実際に学習者の身の回りのこと（住んでいる町、遊びに行った場所、見たドラマや映画、食べたことのある料理など）について「どうでしたか」「どんな○○でしたか」といった質問によって話させたり、書かせたりすれば、「身の回りの事物の様子、感想が簡単に言える」能力をもっと直接的に測ることが可能になります。(3)の問題についても、会話表現の意味や形式に関する知識を測ることはできますが、実際に会話を運用する応用力を測るには、ロールプレイなどのパフォーマンスを見る必要があります。

(2) 信頼性

信頼性とは、**そのテストが常に一貫した結果を出すことができるか**ということです。もし同じ能力を持った2人の学習者がいたら、その2人のテスト結果が同じにならなければ、そのテストは信頼性があるとは言えません。しかし、一般的に、テストの内容や採点方法など、さまざまなことがテスト結果に影響を与えてしまう場合があります。以下では、テストの内容や採点方法などがテスト結果に影響を与える可能性とその対応について考えていきましょう。

考えましょう

【質問21】

pp.18-20の【A】【B】のように正答が1つしかない問題と、pp.20-21の【C】【D】のように自由産出の作文や会話テストでは、それぞれ信頼性の点でどのような利点と欠点があるでしょうか。

　正答が1つしかない問題では、偶然に左右されることなく一貫した採点ができるという利点があります。しかし、【A】【B】のような多肢選択の問題では、正しい知識や理解力を持っていなくても、偶然に正解してしまう可能性があります。そこで、多肢選択の問題については、その利点を生かし、欠点を補うために、多くの問題数を用意することが必要です。たとえば1学期間の学習を評価する定期テストでは、数題ではなく、一定以上の問題数があれば、ある程度の信頼性を保つことができます。

　自由産出の作文や会話テストでは、トピックや場面がそれぞれの学習者にとってどれだけ身近かによって、テストの結果が変わることがありますから、全員が共有するトピックや場面を選ぶことが重要です。また、このような問題では、採点の際の信頼性に留意する必要があります。複数の教師が採点を行う場合、同じ学習者の採点結果が教師によって違ってしまっては信頼性がありません。また、1人の教師が採点する場合でも、採点するときの気分や体調で結果が変わってしまうようなことがあってはなりません。正答が1つに決まっていないような問題では、できるだけ客観的な採点基準を設ける、複数の教師で採点して結果を照合するなど、信頼性のある採点方法を工夫することが重要です。

【質問22】

次の解答例は、【C】の問題に対する学習者の解答例です。信頼性の高い採点を行うために、採点基準を設けるとしたら、どんな観点が考えられますか。

> 解答例(a)：ここはとてもにぎやかな町です。人がたくさんいます。車もたくさん走ります。店もたくさんあります。ロシアりょうりやタイりょうりやインドりょうりです。音楽の店もあります。電車の中に人がたくさんいます。遠くに山が見えます。

> 解答例(b)：わたしはいま町が見えます。とてもにぎやかな町ですから、いろいろな店やレストランがあって、多い人が買いものしたり、歩いたりします。アイスクリームの店では、人がたくさんならびますから、アイスクリームがおいしいと思います。それから、電車も走って、ここは駅に近いそうです。電車の中で、みなさんは話したり本を読んだりしています。ふじ山みたいの山があって、大きい木があって、とてもいい町です。
>
> 解答例(c)：人がたくさんいます。店とレストランがいろいろあります。人たちは買い物です。人たちは電車の中にもです。

　自由産出の作文や会話テストでは、教師が複数いれば、複数の教師で採点するのも信頼性を保つためには重要なことです。複数の教師による採点の一致度をチェックし、一致度が低ければ、採点の基準を再度検討したほうがいいでしょう。一致度が高ければ、採点基準の客観性がある程度保たれていると考え、複数の教師による採点の平均値を採用してもよいでしょう。

　信頼性に関するもう１つの留意点は、【B】のような読解や聴解の理解問題では、テキストのトピックや内容が理解に影響するということです。テキストの内容についてよく知っている学習者がいたり、似たような文章を読んだことがある学習者がいたりすると、テストの結果が学習者の言語能力とは関係のない知識や偶然性に影響されてしまいます。読解や聴解では、学習者の言語能力ではなく、一般知識や経験の差が解答に影響を与えるような内容のテキストをできるだけ避けましょう。また、異なるトピックやテキストタイプによる出題を複数用意したほうがいいでしょう。【C】のような作文のテーマや設定、【D】のような会話テストの設定についても、学習者によって有利になったり不利になったりしないように考える必要があります。

(3) 真正性

　真正性とは、**そのテストに解答することが実際の言語使用をどれだけ反映しているか**ということです。たとえば、会話テストの際に、学習者が実際に経験する可能性のある場面のロールプレイを設定するとか、読解や聴解のテキストとして学習者

が日常生活の中で読んだり聞いたりする可能性のあるものを選ぶことによって真正性を確保することができます。海外では教室外で日本語を使う機会が少ないですから、本当の意味での実生活の日本語使用でなくてもかまいません。ただ、学習者にとって身近な内容について聞く／読む、自分自身のことを話す／書くなど、実生活に結びつくような言語使用をテストにもぜひ取り入れてください。

考えましょう

【質問23】

『みんなの日本語初級Ⅰ』第8課で形容詞を学習し、「身の回りの事物の様子、感想が簡単に言える」ようになることを目標として学習を進めた場合、その目標が達成されたかどうか測るために、あなたの学習者にとって真正性のある問題を考えてください。

【質問24】

ある学校で、『みんなの日本語初級Ⅰ』第8課まで学習した後にインタビューテストを行い、学習者1人ずつに次のような質問をしました。このテストの真正性について話し合い、改善案について考えてください。

> お名前は？
> 今日は何曜日ですか。
> 今は何時何分ですか。
> 昨日、どこへ行きましたか。
> 今朝、何を食べましたか。
> 日本語の勉強はどうですか。

真正性のあるテストを行うことは、評価として有用であるだけでなく、その後の学習者の学習にもいい影響を与えます。このことについては、次の「学習への波及効果」で考えます。

(4) 学習への波及効果

学習者は一般にテスト結果（成績）に大きな関心を持ち、テストでいい結果が出

るように努力するものです。テストが実生活での言語運用力を測るものになっていれば（つまり、真正性のあるテストになっていれば）、普段の学習の中でも実際的な言語運用に役に立つ練習を自主的に行うようになる効果があります。このように、**テストの方法や評価の観点が学習者の学習方法に与える影響**のことを波及効果と言います。

考えましょう

【質問25】
【A】（p.18）のように、言語を文型・語・文字に分解してその知識を測る問題には、テストの真正性、学習への波及効果の観点からどのような問題があるでしょうか。

　言語の知識を測る問題は、テストの実施や採点が簡単であることから、多くの教育機関でよく使われますが、このような問題ばかりで評価を行うことは、真正性の観点からも波及効果の観点からも十分とは言えません。テストのための準備がそのまま言語運用の練習になるように、統合的な運用を測るテストも積極的に行っていきましょう。

　以上、(1) 妥当性、(2) 信頼性、(3) 真正性、(4) 波及効果の４つの観点からテスト作成の留意点を考えてきました。最後に、総合的な観点から次の質問について考えてください。

【質問26】
あなたが自分の学習者に対して行ったテスト問題を１つ取り上げ、(1) 妥当性、(2) 信頼性、(3) 真正性、(4) 波及効果の観点から改善すべき点について具体的に考えてください。

　(1) 妥当性、(2) 信頼性、(3) 真正性、(4) 波及効果の４点は、よりよいテストを作っていくための重要な観点です。同時に、４点のすべてを満たすような理想的なテスト作成がなかなか難しいことも事実です。
　たとえば、「休みの日の経験をお互いに伝えあう」という課題で学習者同士がロールプレイをするテストを行ったとします。実際の言語運用を重視したコースであれ

ば、それは妥当性の高いテストだし、また、波及効果の観点からもよいテストだと考えられます。一方で、学習者間の公平性や採点などについては、信頼性が少し低くなってしまうかもしれません。入学試験や卒業試験のように少しの得点差が学習者に大きな影響を与えるテストでは、信頼性が重要ですが、コースで指導した成果を確認し、次の学習につなげることを目的とした到達度評価では、妥当性や波及効果のほうが重要だと考えられます。「教えたことを測る」「評価を今後の学習につなげる」という到達度評価の基本を忘れないようにすることが大事です。

2-3. テストの問題例―言語知識を測るテスト―

　2-1で見たように、言語のテストは、言語を知識に分解して測るテストと統合的な運用を測るテストに分けることができます。2-3では、「言語知識を測るテスト」、2-4では「統合的な運用を測るテスト」の例を見ていきますが、テストだからといって特別な形式があるわけではなく、どちらも普段クラスで行っている練習やタスクの延長線上にあるものです。以下では、「教えたことをどんな問題で測るのか」という評価の観点を考えながらテストの問題例を見ていきます。

(1) 文字のテスト

　日本語は、ひらがな、かたかな、漢字の3種類の文字(ローマ字、数字を含めると5種類)を使い分けて書き表します。1種類の文字で書き表す言語が多い中で、3種類の文字を使い分けている点は日本語の特徴と言えます。

1．ひらがな・かたかなのテスト
　ひらがな、かたかなは、入門期に集中的に学習しますが、この2つの文字は「意味」ではなく「音」を表します。ひらがな・かたかなのテストは、次の観点を測ることが目的になります。
　①音と文字を一致させて読めるかどうか
　②音と文字を一致させて書けるかどうか

ふり返りましょう

【質問27】
初級のクラスで、いつもどうやってひらがな・かたかなを教えていますか。そして、筆記テストでは、教えたことをどのように確認していますか。

　クラスで、文字カードを見せて読ませたり、教師の発音を聞いて書かせたりすることで文字の授業をしているとします。テストも同じようにできればいいのですが、1人1人に音読させていると多くの時間がかかってしまいます。ひらがな・かたかなのテストは、音は教師または録音された音を利用し、それに、文字を一致させることができるかどうかで理解を確認します。

音と文字を一致させる力を測る問題

例1-1　先生の発音を聞いて、下から選びなさい。

| a. も | b. し | c. ろ | d. ほ | e. ぼ |

　　　　ex.　c　　　　（1）　　　　（2）

例1-2　先生の発音を聞いて、ひらがなで書きなさい。
　　　　ex.　ろ　　　　（1）　　　　（2）

例1-3　先生が言った文字を○で囲みなさい。
　　　　ex.　㋺　　ら
　　　　（1）　へ　　て　　（2）　コ　　ユ　　（3）　シ　　ツ

例1-4　例のように、ひらがなにはかたかな、かたかなにはひらがなを書きなさい。
　　　　ex.1　あ －（ ア ）　　ex.2　イ －（ い ）
　　　　（1）　も －（　　）　　（2）　ラ －（　　）

前ページの例は、文字（ひらがな・かたかな）と音を一致させることができているかどうかを測る問題です。このような問題を出題するのは日本語の学習を始めたばかりのころに限られますが、文字を音と一致させられるようになるのは、その後の日本語学習にとって重要です。

　日本語には、「は」と「ほ」、「ア」と「マ」、「う」と「ラ」のように、形が似た文字があります。例1-3は、音を聞いて、正しい形を選ばせる問題ですが、似たような文字同士の形の違いがわかっているかどうかを確認することができます。例1-4は、ひらがな・かたかなを区別して産出する力を測っています。

2. 漢字のテスト

　ひらがな・かたかなが、音を書き表す表音文字であるのに対し、漢字は、文字そのものが意味を表す表意文字（表語文字）と呼ばれます。漢字のテストでは、意味を理解した上で正しく読めるかどうか、正しく書けるかどうかを測ることが中心になります。

考えましょう

【質問28】
下の例2のような問題は、漢字のテストでよく行われていますが、2-2で述べた真正性を考えると、日常生活では、漢字に読み方を書くことはあまりありません。では、このようなテストはなぜ行われるのでしょうか。

例2　次の漢字の読み方をひらがなで書きなさい。
　　　私は、兄が一人　います。
　　　　　　　　　ひとり

　ひらがな・かたかなと同じように、漢字を1人1人に直接音読させて確認していてはかなりの時間がかかってしまいます。そこで、テストでは効率性を優先させ、間接的な方法にはなりますが、例2のように、ひらがな・かたかなが音を表すことを利用し、読み方を書かせることで音読の代用をさせています。

【質問29】
例3の問題は、どんな知識を測っていますか。

例3　次の文の_____をつけた言葉は、ひらがなでどう書きますか。同じひらがなで書く言葉を、1・2・3・4から一つ選びなさい。

レースの途中で棄権してしまった。
1　用件　　2　拝見　　3　危険　　4　封建

『平成15年度日本語能力試験1・2級試験問題と正解』（凡人社）p.4より

【質問30】
例4-1、例4-2は、問題は同じですが、解答方法が違います。例4-1は答を直接書く、例4-2は選択肢の中から答を選ぶ、というものですが、それぞれの長所、短所は何でしょうか。問題作成や採点の観点から考えてみましょう。

漢字を書く力を測る問題

例4-1　次の下線の部分を漢字にしなさい。
　　　早く　病気が　なおると　いいですね。

例4-2　次の下線の部分はどう書きますか。1～4から選びなさい。
　　　早く　病気が　なおると　いいですね。
　　　1. 直る　　2. 真る　　3. 治る　　4. 治る

　例4-1は、問題を作るのにあまり時間はかかりませんが、学習者が書いた文字を1つ1つ見なければならないため、採点に時間がかかります。初級レベルでは、字形、とめ・はね・はらいも採点のポイントになりますが、字形の正しさの判断は、教師によって違います。採点に差が出ないように、どこまでを認め、どこからは認めないのかを教師間で決めておき、それを学習者にも伝えるようにしておきます。
　例4-2は、採点は速くできますが、選択肢を4つ作らなければならないため、問題の作成に時間がかかります。テストを作るときになって、誤答選択肢を考えていたのではよいものはできませんし、時間もかかってしまいます。普段から学習者が書いた間違いの例を集めておき、それらをテストでうまく利用すると、作成時の手間が省け、学習者の役にも立ちます。

ふり返りましょう

【質問31】
クラスで漢字の書き方を教えるとき、どんな点に注意させていますか。授業中に注意させたことをテストにすることはできるでしょうか。

　クラスで漢字の書き方を教えるとき、形・書き順・画数に注目させたり、音読みか訓読みか確認をしたりしていると思います。漢字の正しい書き方に関する知識は、次のような形式で測ることができます。

正しい字形に関する知識を測る問題

例5　次の漢字にはまちがいがあります。そこに○をつけて、正しく書き直しなさい。

ex.　◯長い　　長

（1）ひろい　海　　　　（2）にほんごの　教村

画数に関する知識を測る問題

例6　次の漢字の画数を書きなさい。

ex.　駅（14）

（1）議（　）　（2）電（　　）　（3）貸（　　）

書き順に関する知識を測る問題

例7　漢字の次の部分は、何番目に書きますか。（　　）に数字を書きなさい。

ex.　　　　　（1）　　　　　　（2）
（7）→医　　　　　右（　）　　必（　）

　実際のコミュニケーション言語活動を考えたとき、形が整った読みやすい文字を書くことは読み手によい印象を与えますし、画数に関する知識を持つことは、漢和辞典を引くときに必要になってきます。字形、書き順、画数に関する問題をテストに出すと、学習者もその重要性を意識するようになり、よい波及効果が期待できます。

(2) 語彙のテスト

語彙とは、単語の集まりという意味です。単語の知識には、形（音と文字）、意味、使い方があります。語彙のテストは、次の観点を測ることが目的となります。
①形と意味が一致しているかどうか
②語が適切に使えるかどうか

1. 形と意味の理解を測るテスト

ふり返りましょう

【質問32】
初級のクラスで、いつもどのように語彙を教えていますか。そして、筆記テストでは、教えたことをどのように確認していますか。

初級のクラスで新しい語を教えるとき、絵カードや母語を使って意味を示し、書かせたり言わせたりして定着を確認しているとします。これらの方法をテストの形式にすると、次のような例が考えられます。

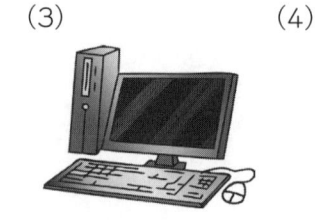

例1-1　次の絵は、日本語で何と言いますか。ひらがなか、かたかなを使って書きなさい。

（1）　（2）　（3）　（4）

例1-2　次の語の意味を日本語で書きなさい。

（1）salaried worker　　（2）arrive　　（3）young

例2-1　先生の発音を聞いて、それを表す絵を選んで記号を書きなさい。

a　　　　　　　b　　　　　　　c　　　　　　　d

ex. a
(1)　　　　(2)　　　　(3)

例2-2　次の語の意味を母語で書きなさい。
(1) 会います　　　(2) 交差点　　　(3) ねむい

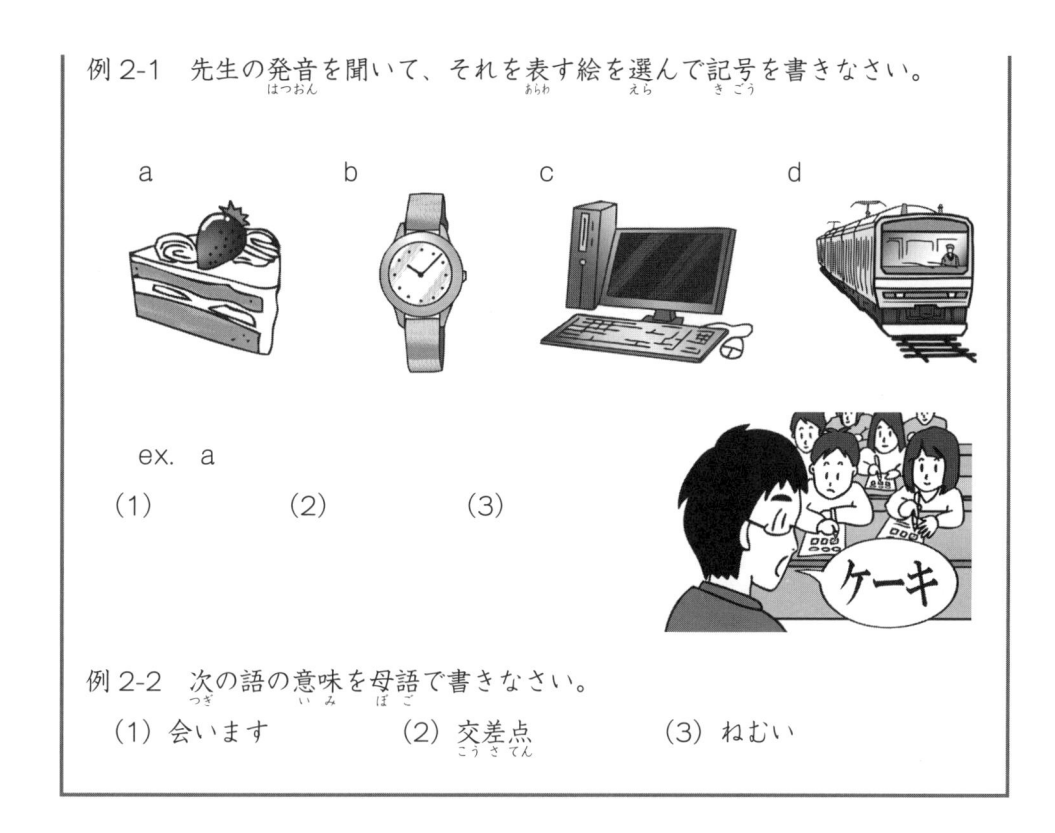

知っている語や文法が増えてくると、次のような形式で出題することもできます。

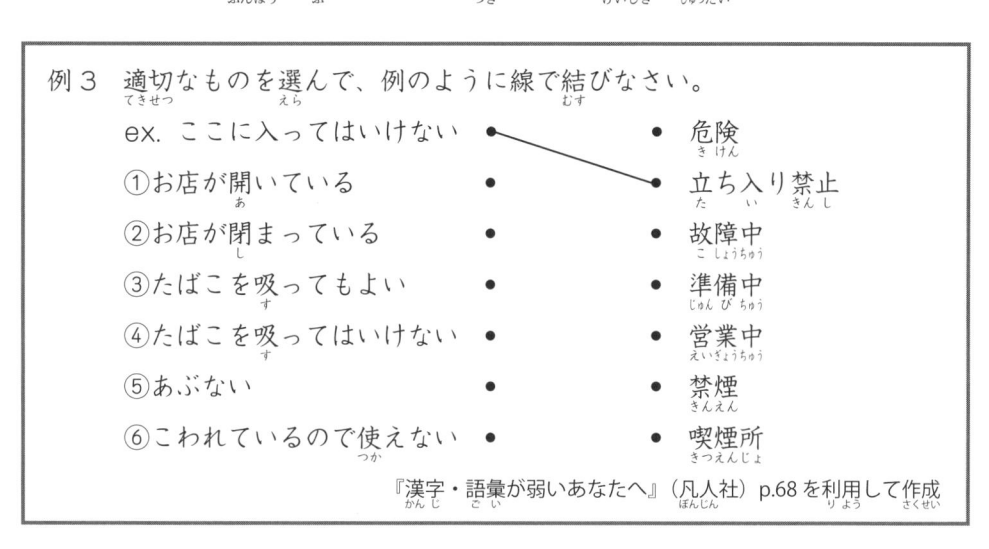

例3　適切なものを選んで、例のように線で結びなさい。

ex. ここに入ってはいけない　　●　　　　　●　危険
①お店が開いている　　　　　●　　　　　●　立ち入り禁止
②お店が閉まっている　　　　●　　　　　●　故障中
③たばこを吸ってもよい　　　●　　　　　●　準備中
④たばこを吸ってはいけない　●　　　　　●　営業中
⑤あぶない　　　　　　　　　●　　　　　●　禁煙
⑥こわれているので使えない　●　　　　　●　喫煙所

『漢字・語彙が弱いあなたへ』（凡人社）p.68 を利用して作成

考えましょう

【質問 33】

語彙のテストでは、形と意味、意味と形を一致させることができるかを測ります。pp.38-39 の例 1〜3 は、どんな方法で形と意味の確認をしているでしょうか。次の例 1-1 を参考に、その他の例も整理してみましょう。

例 1-1：③絵を見て a. 文字にする

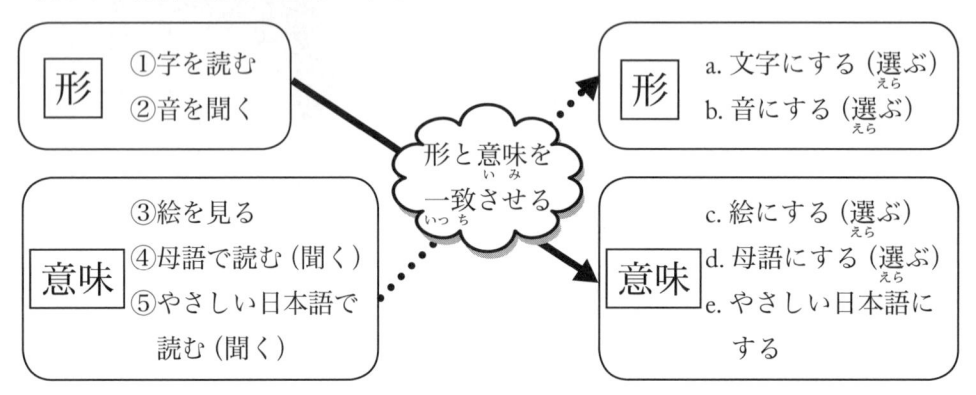

- 形
  - ①字を読む
  - ②音を聞く
- 意味
  - ③絵を見る
  - ④母語で読む（聞く）
  - ⑤やさしい日本語で読む（聞く）

形と意味を一致させる

- 形
  - a. 文字にする（選ぶ）
  - b. 音にする（選ぶ）
- 意味
  - c. 絵にする（選ぶ）
  - d. 母語にする（選ぶ）
  - e. やさしい日本語にする

【質問 34】

語彙は、教育の観点から 2 種類に分けることができます。聞いたり読んだりしたときに意味がわかればよい語彙のことを理解語彙、話したり書いたりして自分でも使える語彙のことを使用語彙と言います。あなたが自分のクラスで教えるとき、下にあげたそれぞれの語はどちらに分類しますか。理解語彙だと思うものに A、使用語彙だと思うものに B をつけてください。A・B どちらでもないと思うものには C をつけてください。

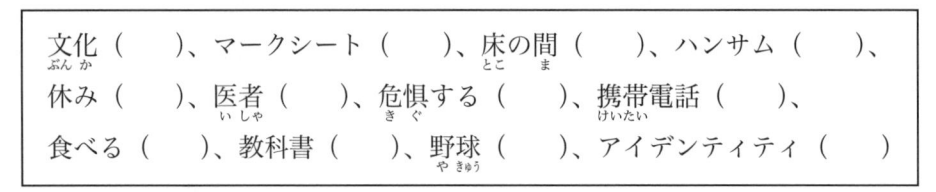

文化（　）、マークシート（　）、床の間（　）、ハンサム（　）、休み（　）、医者（　）、危惧する（　）、携帯電話（　）、食べる（　）、教科書（　）、野球（　）、アイデンティティ（　）

ある語が理解語彙、使用語彙のどちらに分類されるかは、クラスのレベル、クラスで行った授業の内容、学習者のニーズなどによって違ってきます。どちらと判断するかは教師に任されますが、理解語彙なら、形を与えて意味を考えさせる問題（図の➡の部分）、使用語彙なら、意味を与えて形を答えさせる問題（図の‥‥▶の

部分）で測るのが適していると考えられます。

2. 使い方に関する知識を測るテスト

　ここからは、学習した語が場面や文脈の中で適切に使えるかどうかを測るテストについて考えます。「(2)-1 形と意味の理解を測るテスト」で示した例は、形と意味の関係を1対1で覚えていれば解答できる問題と言えます。しかし、語は意味を覚えるだけでは十分とは言えません。使えるようになるためには、それぞれの語が持つ使い方に関する知識も必要です。

考えましょう

【質問35】
「先生」「教師」という語を教えるとき、学習者にどんな情報を与えますか。
2つの語の使い分けを理解したかどうかを確認するにはどのようにすればいいでしょうか。

　その語が正しく使えるかどうかを測るには、問題文の中に、場面や文脈を加えるようにします。

正しい語を選んで意味が通じる文が作れるかを測る問題

例4-1　正しい答に○をつけてください。

　(1) かぜをひいたので、薬を　(a. もちます　b. のみます　c. します
　　　d. 食べます)。
　(2) 友だちのお母さんが、妹におかしを (a. あげました　b. くれました
　　　c. やりました　d. もらいました)。

例4-2　(　　　) に入る語を下から選びなさい。
　　　(　　　) 高いお金を払って買ったのに、すぐに壊れてしまった。

　　　　①せっかく　　②あいにく　　③なるほど　　④まったく

　また、次の例のように、正しい文かどうか判断させることで、意味や形に加えて使い方に関する知識も測ることができます。

> **語の正しい使い方に関する知識を測る問題**
> 例4-3　次の文を読んで、「楽しい」の使い方が正しいものに○、正しくないものに×をつけてください。
> 1　先生にほめられて、楽しかったです。（　　　）
> 2　日本語の勉強はたいへんですが、楽しいです。（　　　）
> 3　プレゼントをもらって、とても楽しいです。（　　　）
> 4　きのうのパーティーはとても楽しかったです。（　　　）

3. 語彙の体系に関する知識を測るテスト

　語彙のテストの測定対象は、形と意味の理解のほか、語の構成や関連するほかの語との関係も含まれます。そこで、ここでは語彙の体系に関する知識を測るテストについて考えてみましょう。

【質問36】
下の問題は、語彙のどんな知識を測る問題と言えますか。

> **語と語の関係を理解し、既習の語彙の中から適語を入れられるかを測る問題**
> 例5-1　次の2つの語の関係と同じ関係になるように、（　　　）に適当な語を入れなさい。
> （1）　りんご　　―　　くだもの
> 　　　コーヒー　―　（　　　　　）
> （2）　増加　　―　　減少
> 　　　肯定　　―　（　　　　　）

　（1）はさらに上の概念を表す語、（2）は反対の意味を表す語が入ります。語彙のテストでは、語の意味や使い方を問うだけでなく、このように語彙をグループにしてまとめる力も測る対象となります。
　次にもう1つ市販教材からの例を見てみましょう。この問題では、職業を表す接尾辞の使い分けに関する知識を測っています。この形式は、否定を表す接頭辞の知識を測るなど、さまざまな問題に使うことができます。

接尾辞の使い分けに関する知識を測る問題

例5-2 左の□の中から適切なものを選んで、職業をあらわすことばを作りましょう。同じものを何回使ってもいいです。

a. 者　b. 手
c. 員　d. 士
e. 家

ex. 公務（ c ）　①医（　　）　②銀行（　　）
③作（　　）　④野球選（　　）　⑤駅（　　）
⑥店（　　）　⑦歌（　　）　⑧弁護（　　）

『漢字・語彙が弱いあなたへ』（凡人社）p.33 を利用して作成

(3) 文法のテスト

1. 形と意味の理解を測るテスト

初級レベルでは、多くの時間をかけて文法を学びます。文法の学習項目には、文型、助詞、活用、テンスやアスペクト、ヴォイス、文と文をつなぐ表現、話し手の気持ちを表す表現、場面に応じた機能表現など、さまざまなものが含まれますが、どの項目も、授業ではまず①形と意味の関係を理解して覚え、それから②実際の場面で使えるようになる練習をする、という流れで進めていると思います。これらの練習の成果を測るテストでは、①形と意味の理解を測る問題、②実際の場面で使えるかどうかを測る問題を含めると妥当性が高まります。①形と意味の理解を測る問題では、たとえば下の例1～4がよく見られます。

助詞の意味（機能）に関する知識を測る問題

例1　次の（　　）に適当な助詞を下から選んで入れなさい。

　　私は　毎日　7時（　　）　起きます。

　　　1. で　　2. を　　3. に　　4. が

動詞の活用に関する知識を測る問題

例2　次の動詞の「て形」を書きなさい。

　　する→　　　　　見る→　　　　　読む→

受身文に関する知識を測る問題

例3　次の文を、受身の文にしなさい。

　　犬が　私の足を　かみました。

　　→私は_____。

> **条件文に関する知識を測る問題**
> 例4　あとに続く文を選んで、線で結びなさい。
>
> 　　薬を飲んだら、　1. ●　　　　●a. 治りません。
> 　　薬を飲んでも、　2. ●　　　　●b. すぐ治ります。

　これらの形式は、どんな言語知識を測りたいのかがはっきりとしている上に、採点も簡単なことから、練習問題集やテストでよく使われています。

2. 使い方に関する知識を測るテスト
　形と意味がわかっただけでは、文法を理解したとは言えません。筆記テストで使い方に関する知識を測るには、文脈や場面を取り入れる工夫が必要です。

考えましょう

【質問37】

次の例5-1、例5-2を見て、どんな点が違うか考えてみましょう。

> 例5-1　次の文の（　　　）の中の動詞を尊敬語にしなさい。
> 　（1）社長は今、出かけて（いる→　　　　　　　　　　）。
> 　（2）コーヒーを（飲む→　　　　　　　　　　　　　）か。
>
> 例5-2　次の（　　）の中の動詞を、敬語の適当な形にしなさい。
> 　客：すみません、社長さんは（いる→　　　　　　　　）か。
> 　会社員：申し訳ございません。社長はただ今出かけて（いる→　　　）。

　例5-1は、動詞を尊敬語に変えるという指示が出ていますから、形に関する知識として活用形を知っていれば、学習者は正しく解答することができます。
　それに対して、例5-2は、外から来たお客さんと会社で働く社員のやりとりになっていて、どちらも「社長」を話題にしていますが、自分と相手との関係やウチとソトの関係を理解していないと（　）に正しい答を入れることができません。問題の中に、場面や文脈を具体的に示し、その中で正しい判断ができるかどうかを測ると、形と意味だけでなく使い方に関する知識も測るテストに近づきます。

最後に、文脈や場面を取り入れた文法テストの例を3つ紹介します。

場面に合ったモダリティ表現に関する知識を測る問題

例6　絵を見て、Aさんの吹き出しに入るものを1～4から選びなさい。

A：さいふが ｛ 1. 落ちていますよ。
　　　　　　　 2. 落ちそうですよ。
　　　　　　　 3. 落ちるはずですよ。
　　　　　　　 4. 落ちるらしいですよ。

B：あ、ありがとうございます。

A：

B：あ、ありがとう
　　ございます

文章中の助詞に関する知識を測る問題

例7　（　　　）に適当な助詞を入れなさい。「は」を使ってはいけません。

　きのう（　　　）夜、私の部屋（　　　）パーティー（　　　）ありました。パーティー（　　　）は、友だち（　　　）15人来ました。それから、先生も3人来ました。全部（　　　）19人集まりました。とても楽しかったです。パーティーは、夜1時（　　　）終わりました。次（　　　）日、先生（　　　）私たち（　　　）とても眠かったです。

文と文をつなぐ接続詞に関する知識を測る問題

例8　（　　　）に入る接続詞を □ の中から選んで書きなさい。

　わたしの姉の息子（例：つまり）おいは今、育児休暇を取っている。（　　　）その妻は会社で働いている。（　　　）出張も多い。しかし、まわりの人がこの2人の生き方を100パーセント理解しているわけではない。（　　　）わたしの姉は全然理解できないようだ。

　　　一方　　　つまり　　　それに　　　それから　　　例えば

『中級へ行こう』（スリーエーネットワーク）p.111を利用して作成

例6は、一文だけで問題文を作ると、複数の正解が出る可能性がありますが、場面を与えると正解が1つに絞られます。ここでは、イラストを添えたことで場面をはっきりさせる工夫をしています。

例7は助詞を入れる問題ですが、一文ではなく、まとまりのある文章の中に（ ）があります。そのため、文脈を考えないと解答できないようになっています。

例8も前後の文をよく読まないと正しい答を入れることができません。ここでは接続詞を取り上げましたが、これ以外にも、文脈指示の「こ」「そ」「あ」や助詞「は」「が」、待遇表現に関する知識を測りたいときは、文脈をうまく取り入れるとよいでしょう。

ここまで、言語知識を測る問題を「文字」「語彙」「文法」に分けて見てきましたが、これらは「JFスタンダードの木」(pp.8-9、図2)では「根」の部分に当たります。続く2-4では、「枝」の部分に当たる統合的な運用を測るテストについて見ていきます。

2-4. テストの問題例―統合的な運用を測るテスト―

ここからは、「統合的な運用を測るテスト」について考えていきます。「読む力を測るテスト」と「聞く力を測るテスト」、「話す力を測るテスト」と「書く力を測るテスト」は相互に共通点が多いので、それぞれをいっしょに扱います。

(1) 読む力／聞く力を測るテスト

読む力／聞く力を測るテストでは、テキストを読んで／聞いて、その内容理解を確認することが中心になり、次の2点がテスト作成上のポイントです。
(1) テキストをどのように選ぶか
(2) 内容理解を確認する質問をどのように作るか

1. テキストの選び方
まず、読む力を測るテストから考えましょう。

考えましょう

【質問38】
読解のテキストとして次の①②③が考えられますが、あなたはどれを使うことが多いですか。また、それぞれの長所と短所をあげてください。
① 市販教材のテキスト
② 生のテキスト（学習者用に作られたテキストではなく、日常生活の中で使われる文書や新聞・雑誌の記事など、実生活の中で使われているテキストを「加工せずにそのまま使う」という意味で「生のテキスト」と呼びます。）
③ 教師が書いたテキスト

　到達度テストでは、授業で教えたことが評価の対象ですから、日常の授業でどんなテキストを使っているかによってテキストの選び方が変わります。日常の授業の中で生のテキストを扱っていればテストでも生のテキストを使うのが適当ですが、授業で市販教材を使っていれば、テストでも日常使っている市販教材のテキストと同じような難易度のテキストを使うのが適当です。ただ、授業ですでに扱ったテキストをそのままテストに使うと記憶を確かめることになり、読む力を測ることにはなりません。同様に、授業で扱わなかった市販教材でもテスト以前に学習者が読んだことがある可能性があれば、そのまま使うことは避けなければなりません。まず、「①市販教材のテキスト」をもとにテキストを書き直すことを考えてみましょう。

やってみましょう

【質問39】
次のテキストは授業の中ですでに読んだものとします。そのままテストに使うことはできませんから、以下の点に注意して、書き直してください。
● このテキストの談話構造を利用しながら内容を変える。
● ただし、テキストの難易度があまり変わらないように注意する。
● 内容を変える際には、できるだけ自分の学習者のニーズや興味関心に合ったテキストにするように工夫する。

テキスト例A

　わたしは、4月に高校に入りました。そのとき、両親にうで時計をもらいました。それから、おばあさんに学校に持って行くかばんをもらいました。軽くてべんりなかばんです。
　5月5日の子どもの日に、弟は、おばあさんに、こいのぼりをもらいました。わたしはおもちゃをあげました。
　10月4日は、お母さんのたん生日でした。わたしは、自分であんだ白いマフラーを、お母さんにあげました。お母さんは、それをもらって、とてもよろこびました。お姉さんは、きれいないしでブローチを作って、お母さんにあげました。それから、わたしはお姉さんとたん生日のケーキをやいて、みんなで食べました。

次に「②生のテキスト」について考えましょう。

考えましょう

【質問40】
次のテキスト例B、Cはどちらも仕事の募集広告ですが、Bは生のテキスト、Cは市販教材の例です。2つのテキストを比べて、生のテキストを使う場合の利点と問題点をあげてください。

テキスト例B

北区赤羽　パア　おそうざいの調理・販売スタッフ

- 資　格▶18歳～58歳迄　未経験者歓迎！
- 給　与▶右記参照
- 時　間▶8:00～12:00、13:00～17:00
  8:00～18:00　※1日4h以上
  ※週2～5日できる方（時間・曜日応相談）
- 待　遇▶交通費支給（月15,000円迄）、年次休有、制服貸与、誕生日プレゼント有（1万円相当）
- 応　募▶お気軽にお電話の上、ご来店下さい。
  ※ホームページにて会社・採用情報がご覧頂けます。

赤羽店

勤務時間は相談に応じますョ♪
時給▶**900円**
※3ヶ月毎に30円～90円昇給制度有、さらに店舗成績により25円～50円プラス（詳細面談にて）
※研修期間有。入社後40Hのみ一律50円OFF

アルバイト同時募集
年齢／16歳～58歳迄
時給／1,000円～（高校生950円～）
時間／パートに準ずる

勤務地▶西友赤羽店

赤羽駅　アパ　販売スタッフ

★あなたの笑顔とセンスを活かしませんか？★

- 仕　事▶販売スタッフ
- 資　格▶25才～55才位迄
- 給　与▶時給850～1,000円　※経験等による
- 時　間▶9:30～21:00の間で1日6h、週3日以上OK！
- 待　遇▶交通費全額支給　※社員登用制度有
- その他▶社員も同時募集（経験者は役職可）
- 応　募▶まずはお気軽にお電話下さい。詳しくはお問い合せ下さい。

■ミセスのエレガンスカジュアルショップ

赤羽店

♪赤羽駅前で通勤ラクラク♪
☆おしゃれ好き！
接客好きなあなたに
ピッタリのお仕事です！☆
イトーヨーカドー赤羽店3Fのお店です！

La Belle Vie
ミセスのエレガンス
カジュアルショップ

王子駅　パア　駅ナカCafeのスタッフ（製造・販売スタッフ）

- 資　格▶18歳～40歳位迄
  ※採用後の極端な染髪不可、短期不可
- 給　与▶時給／910円以上（研修期間は900円）
  ★朝6～9時は時給1,010円以上！※深夜割増有
- 時　間▶6:00～23:00
  ★時間は応相談　※勤務は週2日以上
- 待　遇▶交通費月1万円迄支給（学生は休暇期間中のみ）、制服貸与、食事補助、昇給あり、有給あり、社保完、店内全スタッフによる懇親会あり（年2回）
- 応　募▶電話連絡の上、履歴書（写貼）を持参下さい。
  受付▶平日10～22時　土日祝10～18時

コーヒーショップ王子店
☎0120-　　　（採用係）
JR王子駅構内（王子駅北口改札外、みどりの窓口隣）

BECK'S COFFEE SHOP

GWまでにお仕事
決めちゃいましょう!!
★お気軽にお電話下さい★

勤務は週2日以上
からで大丈夫！
お店は
通勤便利な
王子駅構内です♪

東京駅　ハ　清掃業務員

- 資　格▶60歳位迄
- 給　与▶右記参照
- 時　間▶右記参照
- 休　日▶交替制（相談に応じます）
- 待　遇▶昇給年1回、高額賞与年2回
  交通費全額支給、制服貸与
  社員旅行年2回あり。
- 応　募▶電話連絡の上、履歴書（写真付）持参下さい。

■ビルメンテナンス業

サービス㈱

JR・地下鉄、東京駅1分（八重洲地下街）

高額賞与（年2回有）
便利な東京駅、八重洲地下街と一流ビルでの清掃員の募集です！

男女清掃パート

①時給1,000円
・7:00～11:30（実働4H）
②時給　950円
・8:00～11:30（実働3H）

『すぐに使える「レアリア・生教材」コレクションCD-ROMブック』（スリーエーネットワーク）より

テキスト例C

```
翻訳アシスタント
募集
●英字新聞が読める方
●パソコンができる方歓迎
●好きな時間が選べます。
 ①10:00a.m.～12:00p.m.
 ②1:00p.m.～ 3:00p.m.
 ③3:00p.m.～ 5:00p.m.
●2時間で2,500円
リンガル出版
千代田区神田神保町1-7
☎3239-70××

ニイハオ学院
文京区本郷6-7
☎3817-20××
中国語会話教室
アシスタント
＊中国人で日本語が話せる方
＊週3日以上できる方
＊時給1,500円

プール監視員
☆クロールで1,000メートル以上泳げる方
☆時給 1,000円
東京カッパプール
中野区中央5-2
☎3319-28××
```

『新文化初級日本語Ⅱ』（文化外国語専門学校）p.38 より

　学習者が実生活の中で読む必要があるのは、生のテキストですから、生のテキストは真正性が高く、日常の授業の中で使っている教師にとっては重要な素材です。初中級の学習者には難しく感じられますが、未習の語や漢字があっても、推測したり、必要な情報を選別するなど、実生活で必要な読む力を測ることができるのが生のテキストの利点です。

　生のテキストの自然さを生かすには、そのまま使うのがいいのですが、未習の語や漢字が多すぎる場合は、生のテキストを参考に、言語面で少しやさしくなるように作り直すという方法もあります。

やってみましょう

【質問41】
　次のテキスト例Dは、札幌市の自主防災マニュアルの一部です。「地震のときの行動」として「車を運転しているとき」の注意事項が書いてあります。これを初級学習者のテストに使う目的で、やさしくなるように作り直してみましょう。

テキスト例D

> ☆ 車を運転しているとき
> ・ 急ブレーキをさけ、徐々にスピードを落としながら、道路の左側に寄せて止まりましょう。
> ・ 車を離れる場合は、ドアをロックせず、キーはつけたままにしましょう。
> ・ カーラジオで情報をよく聞き、規制に従って行動しましょう。
>
> 「自主防災マニュアル あなたの町内でもはじめよう自主防災」
> 『すぐに使える「レアリア・生教材」コレクション CD-ROM ブック』(スリーエーネットワーク)より

最後に、「③教師がテキストを書く」場合について考えます。教師がテキストを書くことには、次のような利点があると考えられます。
(a) 学習者のニーズや興味関心に合った内容を自由に書くことができる。
(b) 学習者のレベルに合わせて語や表現をコントロールすることができる。

やってみましょう

【質問42】

あなたの学習者のために読解テスト用テキストを書くことを体験してみましょう。学習段階としては、日常生活で使われる基本的な動詞や時間の言い方、「～してから～する」「～たら、～する」などを学習したという想定で、「わたしの1日」というタイトルで、ある人の1日を描写する文章を書いてください。1日を描写した文章を読んで、「いつ／どこで／何をしたか」「どんな順番でしたか」などが読み取れるかどうかを測ります。学習者のプロフィール(年齢や学習目的など)をよく考え、学習者と同世代の人の典型的な1日や、学習者が読んで楽しい1日になるように工夫した文章を300～400字程度で書いてください。

テキストを選ぶ際には、①市販教材のテキスト、②生のテキスト、③教師が書いたテキストという観点のほかにも、テキストのタイプ(例:手紙文、説明文、意見文など)、学習者のレベルやテスト実施時間に合わせたテキストの長さなどについても考えましょう。

51

次に、聞く力を測るテストについて考えましょう。

聴解のテキストについても、読解のテキストと同じように、次の3種類が考えられます。

①市販教材の録音（テープやCD）
②生のテキスト（日常生活の中の音声の録音）
③教師が書いたテキストの録音

「①市販教材の録音」については、読解と同様、授業ですでに扱った録音をテストに使うことはできませんし、授業で扱わなかった市販教材でもテスト以前に学習者が聞く可能性があるテキストは避けなければなりません。授業で使用したテキストを少し変えて録音し、必要に応じて質問を作り変えれば、通常の授業と同じような難易度のテスト問題を作成することができます。

やってみましょう

【質問43】

次のテキストを作り変えてみましょう。あなたの学習者のニーズに合った、真正性のあるテキストにするためには、どの部分を変えたらいいですか。質問はこのまま、時間と曜日を聞き取るという想定で考えてください。

テキスト例E

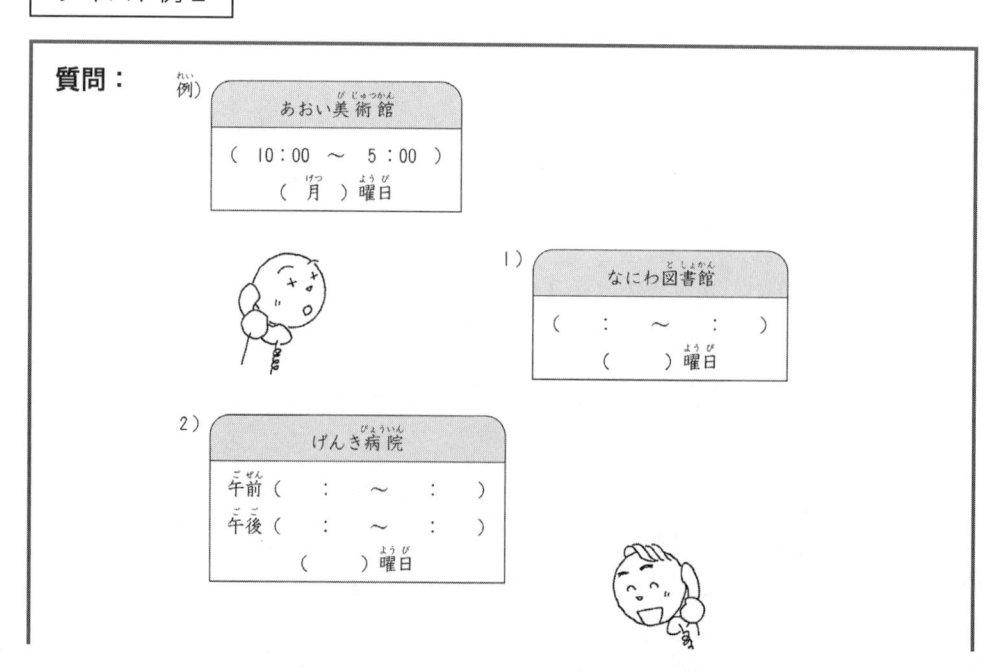

質問：

例）
あおい美術館
（ 10：00 ～ 5：00 ）
（ 月 ）曜日

1)
なにわ図書館
（ ： ～ ： ）
（ ）曜日

2)
げんき病院
午前（ ： ～ ： ）
午後（ ： ～ ： ）
（ ）曜日

例) A：はい、あおい美術館です。
　　B：そちらは何時から何時までですか。
　　A：10時から5時までです。
　　B：休みは何曜日ですか。
　　A：月曜日です。
　　B：月曜日ですね。ありがとうございました。
1) A：はい、なにわ図書館です。
　　B：あのう、そちらは何時からですか。
　　A：9時からです。
　　B：何時までですか。
　　A：6時までです。
　　B：日曜日は休みですか。
　　A：いいえ、休みは火曜日です。
　　B：火曜日ですか。どうも。
2) A：はい。げんき病院です。
　　B：あのう、そちらは何時から何時までですか。
　　A：午前9時から12時までと、午後4時半から7時半までです。
　　B：土曜日は休みですか。
　　A：はい、休みは土曜日と日曜日です。
　　B：そうですか。ありがとうございます。

『みんなの日本語初級Ⅰ　第2版　聴解タスク25』p.8、「スクリプト・答え」p.6より

「②生のテキスト」については、読解と同じように、真正性という点では理想的ですが、音声の生のテキストで適当なものを探してくるのは、なかなか難しいものです。ただ、学習者のレベルに合わせて教師がテキストを用意する場合（③）も、生のテキストの談話構造や表現を生かしながら作り直すなど、生のテキストの自然さを参考にすることは重要です。

　学習者のレベルやニーズに合ったオリジナルのテキストを作って録音する場合は、次のような工夫によって、テキストや録音の自然さを保つようにしましょう。
(a) 実際の日本語（生のテキスト）を録音し、それに修正を加えてテキストを作る。たとえば、学習者にとって難しすぎる言語表現を修正したり、テスト問題として適切な長さに調整したりする。素材としては、ニュースやアナウンス、留守番電

53

話、講義などが考えられる。
(b) 会話の場合は、まず、実現したい会話のためのロールカードを作り、周囲の日本語話者にそのロールカードでロールプレイをしてもらって録音する方法がある。その録音の内容や長さ、言語表現にテストとして不適当な部分があれば、それを調整して、再度録音する。

やってみましょう

【質問44】

次のロールカードを使ってペアで会話をし、録音してください。（この段階では、テストのテキストにすることをあまり意識せず、自然な会話をするようにしてください。）その後、録音を聞き返しながら、初級前半の学習者のためのテキストと質問を作ってください。

A：Bさんに楽しかった旅行の思い出について聞いてください。次のようなことについて、できるだけくわしく話してもらってください。
・いつ、どこへ、誰と、どのように行ったか。
・そこはどのようなところか。何があったか。
・そこで何をしたか。

B：Aさんの質問に答えて、楽しかった旅行の思い出について話してください。

　上の【質問44】で録音した会話には、初級前半の学習者には難しすぎる表現もあったでしょうし、そのほかにもそのままテストのテキストにするには適当でない部分があったかもしれません。これらを調整してテストのテキストや問題を作るのは大変な作業です。しかし、ロールプレイをせず、はじめから学習済みの言語項目だけでテキストを作ろうとすると、不自然な会話になってしまう場合が多いので、オリジナルのテキストを作る場合にはこのようなプロセスは重要です。
　録音したテキストを調整する際には、相づちや言いよどみなども残して、自然さを保つようにしましょう。また、質問を工夫すれば、未習の語や表現をすべて修正する必要もありません。テキストが未習の単語や表現を含んでいても、あわてずに必要な理解ができる学習者を育てていくことは重要なことです。(本シリーズ第5巻「聞くことを教える」参照)

整理しましょう

【質問45】

これまで考えてきたテキストの選び方について、整理してみましょう。次の留意事項は、(1) 妥当性、(2) 信頼性、(3) 真正性のどれに当たりますか。（　）に番号を書いてください。

(a) テキストの内容理解を測る読解・聴解テストでは、テキストの内容に関する一般知識についてよく知っている学習者とそうでない学習者がいて、難易度に影響してしまうことがある。1回のテストに1つのテキストだけでなく、複数のテキストの出題を用意することが大事である。（　）

(b) 読解でも聴解でも、生のテキストを使うことで日常生活での読む力／聞く力を測ることができる。それができない場合も、できるだけ生のテキストに近い自然なテキストを使うようにする。（　）

(c) 学習成果を測る到達度テストの場合、重要なのは「教えたことを測る」ということである。授業ではどんなテキストのタイプ（読解なら説明文、描写文、意見文など、聴解ならニュース、アナウンス、インタビュー、社交会話など）を教えたのかをふり返り、同様のタイプのテキストを選ぶことが大事だ。（　）

次に、内容理解を確認する質問の作り方について考えていきましょう。

2. 質問の作り方

内容理解を確認する質問の作り方は、以下のように整理できます。

①ことばによって理解を確認する

a) テキストの内容について<u>日本語</u>で書かれた文を読み、テキストの内容と一致しているものに〇、一致していないものに×をつける。または記号を選ぶ。

b) テキストの内容について<u>母語</u>で書かれた文を読み、テキストの内容と一致しているものに〇、一致していないものに×をつける。または記号を選ぶ。

②ことばを使わずに理解を確認する

a) テキストを読んで（あるいは、聞いて）、絵や写真などを選ぶ。

b) テキストを読んで（あるいは、聞いて）、地図や絵、表などに数字や記号を書き込む。

考えましょう

【質問46】

次の聴解テストで、質問例aは①ことばによって理解を確認する方法、質問例bは②ことばを使わずに理解を確認する方法の例です。①②それぞれの長所と短所について話し合ってください。

質問例a （聴解のテキストは 🔊 の部分）

高校生が自分の家族を紹介しています。家族の紹介を聞いて、正しいものには○、まちがっているものには×を（　）に書きなさい。

(1) （　）きょうだいがいません。

　　（　）家族は男2人、女2人です。

> 🔊 私の家族は4人です。お父さんとお母さんとおばあさんがいます。私は高校1年生です。（「私」の声は男）

(2) （　）家族には、おじいさんもおばあさんもいません。

　　（　）私は家族の中でいちばん年下です。

> 🔊 私の家族は4人です。お父さんとお母さんと弟と私です。弟は中学2年生です。

(3) （　）おばあさんはいません。

　　（　）お父さんはいません。

> 🔊 私は2人きょうだいです。お姉さんが1人います。それから、おじいさんとおばあさんとお母さんがいます。家族は全部で5人です。

(4) （　）おじいさんがいます。

　　（　）家族は3人です。

> 🔊 私は3人きょうだいです。お兄さんと妹がいます。お兄さんは大学生です。妹は小学校6年生です。お父さんがいます。それから犬がいます。名前はポチです。

「みんなの教材サイト」を利用して作成

| 質問例 b | （テキストは質問例 a と同じ） |

```
高校生が家族を紹介しています。a.b.c.d の中から正しい家族を選んで○でかこ
みなさい。

(1)  a・b・c・d
(2)  a・b・c・d
(3)  a・b・c・d
(4)  a・b・c・d
```

「みんなの教材サイト」を利用して作成

　①ことばによって理解を確認する方法では、質問例 a のように日本語による選択肢を読んで解答するタイプだと、聞く力を測るテストに日本語を読む力も関わってくるという欠点があります。この問題を解決するためには、質問文や選択肢を母語にすることも考えられます。また、質問文や選択肢を文字ではなく、録音した音声で示す方法もありますが、この方法は記憶の能力とも関わってくるので、複雑な質問文や長い選択肢などには不適当です。

　一方、質問例 b のように、②ことばを使わずに理解を確認する方法には、文字の能力が関わることはありませんが、絵や図で理解を確認するには限界もあります。たとえば、感情や抽象的な概念などは絵や図で表すのは難しく、主に中級以上のレベルの聴解ではこの問題が大きくなります。

やってみましょう

【質問 47】

次の読解用テキスト例 F は、アニメ『ドラえもん』の登場人物「のび太」が書いた「ぼくの一日」という作文です。①ことばによって理解を確認する質問、②ことばを使わずに理解を確認する質問を作ってください。

テキスト例F

ぼくの一日

のび のび太

　けさ、ママは7じはんにぼくをおこしました。でも、ぼくがおきたのは、だいたい8じごろでした。あさごはんは食べたいけど、じかんがないので、パンをもって学校へ行きました。

　学校まではしっていきましたが、ちこくしてしまいました。せんせいは「ろうかに立っていなさい。」と言いました。ぼくは、ろうかにでてから、パンを食べました。きょうは、もう一つこまったことがありました。しゅくだいがたくさんでたのです！

　学校がおわると、いつものように、ジャイアンとスネ夫が「おい、やきゅうをするぞ。」と言いました。でも、今日は、すぐうちにかえって、ドラえもんにしゅくだいのことをたのみました。「ねえ、ドラえもん、なんとかして。」と言うと、ドラえもんは、ひみつどうぐのコンピューターペンシルを出してくれました。ぼくが5分でしゅくだいをやって、ママに「しゅくだい、おわったよ。」と言うと、ママはおやつにアイスクリームをくれました。ぼくは、アイスクリームを食べてから、ジャイアンたちのところに行って、やきゅうをしました。

考えましょう

【質問48】

p.56の聴解の質問例aと次の質問例cは、テキストは同じですが、質問が違います。質問が違うことで難しさはどう違いますか。

質問例c

4人の高校生が家族を紹介しています。4人の家族の紹介を聞いて、次の質問に答えなさい。

(1) きょうだいのいない人はいますか。

(2) きょうだいの数が同じなのは、何番の人と何番の人ですか。

(3) お父さんとお母さんの両方がいるのは、何人ですか。

質問例cでは、4人の話をすべて聞いて記憶した上で、4人の家族構成を比べて答えなければならないので、かなり難しい質問です。聴解の質問を作るとき、私たち教師は、文字のテキストを見ながら考えることが多いと思います。質問の案ができたら、音だけを聞いて答えるのに記憶の負担が大きすぎないか、よくチェックする必要があります。

　上で見たように、同じテキストを使っても、質問の設定のしかたによって、測る能力も変わるし、難易度も変わります。中級レベルの聴解テキストを例に、この点について、もう少しくわしく考えてみましょう。

【質問49】
次のニュースのテキスト例Gを聞いて答える質問として、質問例dと質問例eはどちらが難しいですか。また、それはなぜですか。

テキスト例G

　東京都では、ペットボトルを店頭で回収するための新しいリサイクルルートづくりに取り組んできましたが、このほど、およそ3400店のスーパーやコンビニエンスストアなどが参加することになったと発表しました。これは23区内でペットボトルを扱う店のおよそ3割にあたります。
　ペットボトルは、ガラスびんやあき缶にくらべ、リサイクルが遅れており、このため東京都は、販売業者が店頭で回収するという案を出していました。
　ごみ問題が深刻になっている東京都は、古紙の回収や古いタイヤを原料にした更生タイヤの利用など、リサイクルに力を入れてきました。
　ペットボトルの回収は4月から実施されますが、およそ2500店のコンビニエンスストアでは、回収ボックスのデザインをそろえるなど、準備に時間がかかるため、10月からの参加になります。

『ニュースで学ぶ日本語パートⅡ』（凡人社）p.148より

質問例 d

これからニュースを聞きます。このニュースの主要なポイントは何ですか。ニュースの後で与えられる a、b、c、d の中から最も適当なものを選んでください。
＜以下の選択肢は、テキストを聞いた後に音声で＞
a. 23区内でペットボトルを売る店の数が増えた。
b. ペットボトルのデザインをそろえることが決まった。
c. コンビニエンスストアなどがリサイクルに協力する。
d. 東京都のごみ問題がだんだん大きくなっている。

質問例 e

リサイクルのためにペットボトルの回収が始まるというニュースを聞きます。次の質問を読んでからニュースを聞いて、質問に答えなさい。
(1) ペットボトルの回収をするコンビニエンスストアやスーパーの数はどのくらいか。
(2) ペットボトルの回収が始まるのはいつからか。

　【質問48】【質問49】で見たように、聴解の質問の難易度は次のような要素によって変わります。
(a) 聞く前にテーマが与えられるかどうか
(b) 聞く前に質問（聞き取るべき情報）が与えられるかどうか
(c) 部分的（数字や名前など）な理解を求めるか、全体を聞いて複数の情報の関連や重要性についての判断を求めるか
(d) 答が選択式か、記述式か

　聴解テストではもう一度聞き直すことができませんから、(a)(b) は聞き取りの難しさに大きく関わります。また、複数の情報の関連を問う質問も、一度聞いた情報を記憶しておく必要があるので、難易度を上げる要因になります。
　日常生活の聴解では、これから聞くことがどんなテーマなのか、どんな目的で聞くのか、聞き手にわかっているのが普通です。テストの聴解もできるだけ自然な設定にして、聞く目的がわからなかったり、記憶の負担が大きすぎたりするために、

学習者のレベル以上に難しくなることがないように注意しましょう。

一方、読解では、聴解と違って、テキストと質問が同時に文字で与えられますから、読む前に質問が与えられるかどうかは、大きな問題になりません。実際、質問がテキストの後に書いてあっても、まず質問に目を通してからテキストを読んだほうが有利なことを多くの学習者はすでに知っているようです。

次に、読解の質問について、p.60 の (c)(d) に (e) を加えた次の3点から、難易度の違いを検討しましょう。

(c) 部分的な理解を求める質問か、全体的な理解を求める質問か
(d) 答が選択式か、記述式か
(e) テキストに書かれている事実を問う質問か、テキストを読んだ反応を求める質問か

【質問 50】
次の読解テキストに関する質問 (1) 〜 (4) の中で、部分的な理解を求める質問はどれですか。全体的な理解を求める質問はどれですか。

テキスト例 H

　昨日、京子さんは3回目の「お見合い」をしました。25歳になった京子さんは、大学では社会学を専攻し、卒業後は東京の出版社で編集の仕事をしています。京子さんにはボーイフレンドが何人もいるのですが、どの人とも本気で結婚を考えてはいません。結婚相手とは一生つきあうのですから、よく考えて選んだほうがいいと思っているのです。

　最初の「お見合い」の相手は27歳で、商社に勤めている人でした。仕事ができる人だと聞いて、期待してお見合いをしました。しかし、会って話をしてみると、女性は仕事よりも家庭を大事にしてほしいと考えているようでした。

　二番目の人は、子どもの時に父親を亡くしたということで、働きながら勉強したという人でした。収入はそれほど高くないけれど、性格のやさしい人だとすすめられて、会ってみる気になりました。実際、確かにやさしそうな人でしたが、結婚後はお母さんと同居してほしいと言われました。

　昨日のお見合いの相手は、38歳と年齢は高いのですが、教育熱心な教師だ

ということで、女性が働くことにも理解がありそうだと考えて、会ってみました。話がおもしろい人で、楽しい時間を過ごすことができました。でも、将来は田舎の小さな小学校で教えたいと考えているそうで、都会が好きな京子さんには合わないと思いました。

　３回の「お見合い」の経験は、京子さんにとっての仕事の意味をもう一度よく考える機会になりました。

『読解20のテーマ』(凡人社) p.92を利用して作成

---

(1) 京子さんにはボーイフレンドはいるか。＜　　＞
　1) いない　　　2) 1人いる　　　3) 2人以上いる
(2) 1番目の男の人の問題点は何か。＜　　＞
　1) 年齢　　　2) 収入　　　3) 考え方
(3) 京子さんがどのお見合い相手にも共通して求めているのは何か。＜　　＞
　1) 年齢　　　2) 収入　　　3) 考え方
(4) この文章の最も中心的なテーマは何か。＜　　＞
　1) 恋愛結婚とお見合い結婚に関する京子さんの考え
　2) 仕事と結婚に関する京子さんの考え
　3) 仕事のやりがいに関する京子さんの悩み
　4) 日本の伝統的な結婚観に対する京子さんの意見

　テキストの言語形式なども影響しますが、部分的な理解を求める質問は、テキストの狭い範囲から答が導けることから、一般的に難易度が低いと考えられます。しかし、本来の読解は、一文ずつの理解ができればいいだけではなく、テキストから読み取る複数の情報の関連も理解する必要があることから、部分的な質問だけでなく、全体的な理解を求める質問を含めることは重要です。

　次に、同じテキスト（京子さんのお見合い）を使って、記述式の質問について考えます。

【質問51】

読解テキスト例Ｈに関する以下の質問のうち、(5)は事実を問う質問、(6)は読み手の反応を求める質問です。まず、自分で解答してみてください。そして、測っている能力、難易度、採点のしやすさなどについて、(5)(6)の違いを考えてください。

> (5) 京子さんが結婚相手に求めていることを5点あげなさい。
> (6) あなたは京子さんの結婚に対する考えについてどう思うか。150字から200字で書きなさい。

　読み手の反応を求める質問は、テキスト理解に加えて、読み手の考えを表現する力も問うことになるため、「読む力」だけを測っているとは言えません。そのため、「読む力」を測るテストとしては妥当性が低いとする見方もあります。しかし、日常生活における実際の読む活動が一方的な情報の受け取りだけではなく、テキストからの情報を読み手の知識や経験と照らし合わせることであると考えれば、読み手の反応を求めることは大事なことです。

　なお、(e)の観点（事実を問う質問か、反応を求める質問か）は、聴解の質問にも適用できます。ただ、読解では、反応として述べる考えの理由や正当性について、テキストを読み返して確認することができるので、この観点は、読解のほうにより適していると考えられます。

【質問52】
理解を確認する方法として、母語への翻訳があります。母語への翻訳の長所と短所をあげてください。

　学習者と母語を共有する教師にとって、母語を使って理解の確認ができることは大きな利点です。特に読解では、聴解のように記憶の問題の影響がありませんから、翻訳によって、文章の正確な理解や細かい部分の理解を確認することができます。一方、翻訳文の正確さを採点する際には、採点の信頼性を保つ難しさがあります。たとえば、文章理解の指標となるポイントをリストにしておいて、学習者の翻訳にそれらのポイントがいくつ書かれているかによって点数を決めるなど、客観的な採点方法を工夫する必要があります。

【質問53】
文章全体の理解を確認するテストの方法として、クローズテストと呼ばれるテスト形式があります。次の例のように、文章の中に、一定の間隔で機械的に空欄を作るものです。例を見ながら、その長所と短所について考えてください。

> （　）の中に、ひらがな・かたかな・漢字のどれか1文字を入れなさい。
>
> 　わたしは、4月（　）高校に入りま（　）た。そのとき、（　）親にうで時計（　）もらいました。それから、お（　）あさんに学校（　）持って行くか（　）んをもらいま（　）た。軽くてべん（　）なかばんです。
> 　（　）月5日の子ど（　）の日に、弟は、（　）ばあさんに、こ（　）のぼりをもら（　）ました。わた（　）はおもちゃを（　）げました。
> 　10（　）4日は、お母（　）んのたん生日（　）した。わたし（　）、自分であんだ（　）いマフラーを、（　）母さんにあげ（　）した。お母さ（　）は、それをも（　）って、とても（　）ろこびました。（　）姉さんは、き（　）いないしでブ（　）ーチを作って、（　）母さんにあげ（　）した。それか（　）、わたしはお（　）さんとたん生（　）のケーキをやい（　）、みんなで食べ（　）した。

　空欄に正しい答を入れるには、前後の文脈を理解している必要があるため、クローズテストは総合的な日本語力が測れると言われています。作り方が簡単な点も大きな長所です。ただし、もとの文章と違っていても、文章全体から考えて正答を判断するなど、採点には工夫が必要です。

　最後に生のテキストを使う場合の質問について考えてみましょう。生のテキストは言語面で難しい場合が多いのですが、質問を工夫することで、初中級の学習者にも利用できる可能性があります。

【質問54】
次のような生のテキストについて、どのような質問なら初中級の学習者にも答えられるでしょうか。

テキスト例1

煮込みハンバーグ

材料

- ひき肉 ………… 400g
- 玉ねぎ ………… 1個
- たまご ………… 1個
- パン粉 ………… 約大さじ4
- 塩・こしょう …… 少々
- ナツメグ ……… 少々
- サラダ油 ……… 適量
- 小麦粉 ………… 大さじ3
- バター ………… 20g
- ケチャップ …… 大さじ4 ┐
- ウスターソース … 大さじ3 │ A
- コンソメ顆粒 …… 小さじ2 │
- 水 ……………… 200cc ┘
- 赤ワイン ……… 200cc

作り方

① 小麦粉をフライパンに入れ、きつね色になるまで空いりし、お皿にとっておく。
② 玉ねぎは半分をみじん切りにし、残り半分は薄切りにしておく。
③ ボウルにひき肉を入れ、塩・コショウ・ナツメグを加え、しっかりと粘りがでるまでこねる。
④ 粘り気がでたら、たまご・パン粉・玉ねぎのみじん切りを加えてよく混ぜる。
⑤ 4つに分けて形を小判型に整えて、真ん中をへこませておく。
⑥ フライパンに油をひき、ハンバーグを入れて強火で表面をしっかり焼き、取り出しておく。(中まで火を通さなくてもいい。)
⑦ ハンバーグを焼いたフライパンにバターを加え、玉ねぎのスライスを弱火でしんなりするまで炒める。
⑧ 空いりしておいた小麦粉を加え、よくからめるようにして炒める。
⑨ Aを少しずつ加え、だまにならないようによく混ぜる。
⑩ ハンバーグを戻し入れて、蓋をして約10～15分、弱火で煮込む。
⑪ ご飯と一緒に盛りつけて、ソースをたっぷりかける。

福山イングリッシュセンター eat & Brink

『すぐに使える「レアリア・生教材」コレクションCD-ROMブック』(スリーエーネットワーク) より

生のテキストには未習の漢字や語が多く入っていますが、それは学習者が実生活で行う読解でも同じです。実生活での読解では次のことが大事であり、生のテキストも次のような能力を測るのに適しています。

①わからない漢字や語は、前後の文脈や背景知識を使って推測する。
②わからないところがあってもあわてずに、目的のために必要な部分に焦点を当てて理解を進める。

(2) 書く力／話す力を測るテスト

考えましょう

【質問 55】
読む力／聞く力を測るテストと比べて、書く力／話す力を測るテストは一般的にあまり行われていないという現実があります。書く力／話す力を測るテストを行うことの難しさはどんなところにありますか。また、書く力／話す力を測るテストを行うことの利点はどんなところにありますか。

　書く力を測るテストについては、クラス全員を対象に同時に行うことができますが、話す力を測るテストについては、1人ずつ行うと非常に時間がかかってしまいます。また、どちらのテストも採点に時間がかかり、さらに、採点の信頼性を保つことの難しさがあります。しかし、書く力／話す力を測るテストを導入することで、学習者は書く力／話す力の練習を一生懸命行うようになり、大きな波及効果が期待できます（「2-2.(4) 学習への波及効果」参照）。以下では、書く力／話す力を測るテストの問題点をできるだけ解決して、これらのテストを行うための方法や注意点について考えていきましょう。

　書く力／話す力を測るテストを行うにあたって考えなければならない重要なポイントは次の2点です。
(1) 課題をどう設定するか（誰に対して、どんな目的で書く／話す課題にするか）
(2) どんな基準で採点するか

1. 課題の設定

考えましょう

【質問 56】
次の書く力を測るテストA〜Cでは、①誰に対して、②どのような目的で、③どのような方法でメッセージを伝えることを課題として設定していますか。例を参考にして、次ページの表にまとめてください。

例　約束の時間に先生の研究室へ行ったが、先生は留守だった。しかたがないので、メモを残して一度帰ることにした。自分が時間通りに来たこと、次の約束をしたいことをメモに残しなさい。

A　「私の家族」というタイトルで250～300字の文章を書きなさい。

B　日本人の友だちから、土曜日のアルバイトを代わってほしいというメールが来た。あなたはその日授業があるため、代わることができない。相手を怒らせないように、返事を書きなさい。

> To：○○○×××＠△△△.com
> From：●●●△△△＠×××.com
> Subject：お願い
>
> 　○○へ
> 　　元気？？　実は、ちょっとお願いがあってメールしてます。
> 　　今度の土曜日、バイト代わってもらえないかな？
> 　　運転免許の更新が迫ってて、この日に行かないと切れちゃうんだ（;;）
> 　　なんとかお願い！　よろしく～！m(_ _)m

C　日本では、法律で大人と認める年齢を20歳から18歳に下げようという意見がある。このことについて、あなたの意見を書きなさい。

	①誰に対して	②どんな目的で	③どんな方法で
例	先生	自分が来たこと、次の約束をしたいことを伝えるため	メモ
A			
B			
C			

私たちが日常生活で何かを書くときには、①誰に対して書くのか、②どんな目的で書くのか、③どんな方法でメッセージを伝えるのか（メモか、メールか、レポートかなど）が、はっきりしています。テストの場合、学習者全員にとって自然な課題を設定するのが難しいことは事実です。しかし、できるかぎり①②③を明確に示せば、学習者は実生活での「書く」活動がイメージでき、テストの真正性が高くなります。また、テストと実生活の活動が近づくことは、学習への波及効果にもつながります。

やってみましょう

【質問57】
あなたの学習者は、日常生活の中で、友だちや先生にどんな方法（メモ／メール／レポートなど）でどんなことを伝える可能性があるでしょうか。あなたが教えている学習者にとって真正性のある「書く」課題を考えてください。

　話す力を測るテストの課題形式には、インタビュー、スピーチ、説明・描写、プレゼンテーション、ロールプレイなどがありますが、それぞれの課題について、①誰に対して、②どんな目的で、③どんな方法（対面／電話）で話すのかを明確に設定する必要があります。

【質問58】
話す力を測るテスト例A、B、Cについて、①②③を明確にするための改善案を考えてください。

A　自己紹介のスピーチをしなさい。

B　駅から学校までの道順を説明しなさい。

C　絵を見て、指定されたかばんについて、どのようなかばんか、また、かばんの中に何が入っているか、言いなさい。

　　a　　　　　　　　　　　b

　　c　　　　　　　　　　　d

考えましょう

【質問59】
話す能力を測るテストにおいてロールプレイは有効な方法です。ロールプレイを行う方法として、①教師と学習者で行う方法と、②学習者同士で行う方法が考えられます。それぞれの長所と短所を考えてください。

【質問60】
話す能力を測るテストは、一斉に行うことができないため、学習者間でテストを受ける時間に差が生じます。先にテストが終わった学習者が後の学習者に問題（ロールカードの内容やスピーチのテーマなど）を伝えたりしないよう、どんな工夫が必要ですか。

2.　採点の基準

「2-2.(2) 信頼性」のところでも述べましたが、自由産出のテストでは、できるだけ客観的で信頼性のある採点を行うために、評価の観点を明確に決めておくことが重要です。ここでは、評価基準が具体的に書かれた評価シートを提案します。

やってみましょう

【質問61】

「2-2.(2) 信頼性」の【質問22】では、p.20 に示した書くテストの例【C】「(イラストを見て) この町の様子について、この絵を見ていない人に伝えるつもりで文章を書きなさい。(10分以内)」という課題に対する解答例を参照しながら評価の観点を考えました。下の評価シートを使って、解答例 (a) 〜 (c)（pp.29-30 と同じもの）を評価してみましょう。得点は観点ごとにつけます。

評価シート

評価の観点＼得点	1	2	3	4
全体のまとまり	全体のまとまりがない。	文と文のつながりが悪い。また、絵の一部しか描写できていない。	文と文のつながりに多少問題はあるが、絵の広い範囲が描写できている。	文と文が適切につなげられており、絵の全体が描写できている。
正確さ	誤りが非常に多く、内容がわかりにくい。	誤りは多いが、内容は理解できる。	誤りのある文は全体の2割以下で、内容はよくわかる。	誤りはほとんどなく、内容がよくわかる。
量	50文字以下	51〜100文字	101〜150文字	151文字以上

解答例 (a)：ここはとてもにぎやかな町です。人がたくさんいます。車もたくさん走ります。店もたくさんあります。ロシアりょうりやタイりょうりやインドりょうりです。音楽の店もあります。電車の中に人がたくさんいます。遠くに山が見えます。

解答例 (b)：わたしはいま町が見えます。とてもにぎやかな町ですから、いろいろな店やレストランがあって、多い人が買いものしたり、歩いたりします。アイスクリームの店では、人がたくさんならびますから、アイスクリームがおいしいと思います。それから、電車も走って、ここは駅に近いそうです。電車の中で、みなさんは話したり本を読んだりしています。ふじ山みたいの山があって、大きい木があって、とてもいい町です。

解答例 (c)：人がたくさんいます。店とレストランがいろいろあります。人たちは買い物です。人たちは電車の中にもです。

解答例 (a) は正確さは高いですが、全体的なまとまりに欠けます。解答例 (b) は正確さは低いですが、全体的なまとまりがあり、量も十分あります。解答例 (c) は量、正確さ、全体のまとまりともに欠けています。こうしたことが上の評価シートを使うと、客観的に評価できます。

以下に示すように、評価シートでは、縦軸に「評価の観点」を記入します。評価の観点はいくつあっても構いませんが、妥当性のためには、授業で重点を置いたことや学習者に意識的に学習してほしいことを含めることが重要です。

横軸には「到達度」を段階別にとります。段階は、3～4ぐらいが適当でしょう。「到達度」は得点化してもいいですが、得点化せずに「できた！」などの表現で示す方法もあります。

また、観点によって重要度が違う場合は、観点によって得点を変えてもいいでしょう。たとえば、観点1が観点2よりも重要な場合、観点1の得点は2点～8点、観点2の得点は1点～4点というように、重要度に応じて得点を決めます。

評価の観点＼到達度	1 がんばって！	2 もう少し！	3 できた！	4 すばらしい！
観点1				
観点2				
観点X				

観点と段階が決まったら、評価基準を書きます。授業で重点を置いたことができるようになっているかどうか、指導した知識や能力がこのタスクの各観点では具体的にどのような形で現れるかをよく考えて書きます。まず、「目指したレベルに到達した（できた！）」段階の記述から始め、学習者のパフォーマンスで不足する可能性がある点を考えて、その下の段階の記述を考えるといいでしょう。また、到達度を測るテストとしては、「目指したレベルに到達した（できた！）」ことが確認できればいいのですが、学習者に今後の目標を示すために目標より上の段階（すばらしい！）の記述があったほうがいいです。p.12で紹介した「JF日本語教育スタンダード」の＜みんなの「Can-do」サイト＞には、カテゴリーごとの「Can-do」の記述がデータベースになっているので、参照してください。

【質問62】
前ページのような評価シートを使うことの利点は何だと思いますか。話し合ってください。

このような評価シートを作っておけば、安定した評価に結びつくだけでなく、学習者が評価の結果を点数だけで受け止めるのではなく、評価の内容（何ができて、何ができなかったか）を理解することにつながります。また、このような評価の基準をテスト前に学習者に提示し、作文や会話がどんな観点から評価されるかを学習者によく理解させておくことも大事です。評価基準を学習者にも理解させるためには、母語で書いてもいいでしょう。

【質問63】
話す能力を測るテストの採点は、テストの時にその場で行う方法と、ICレコーダーなどに録音しておいて後で行う方法が考えられます。録音で採点することの長所と短所をあげてください。

録音しておいて後で採点する方法は、時間がかかることが難点ですが、信頼性の高い方法です。また、複数の教師が録音を聞いて評価を行うことで、さらに信頼性を高めることが可能です。時間の節約の観点から、採点はテストの場で行うにしても、録音をとっておけば、（複数の教師が採点を行う場合）教師による採点基準の違いを調整することができます。また、学習者に録音を聞かせることも重要なフィードバックになります。

コラム ＜話す力を測るテスト＞

話す力を客観的に測るテストの例として、①OPI、②とよた日本語能力判定試験、③JF日本語教育スタンダード準拠ロールプレイテストを紹介します。進め方や判定の仕方、テスター養成の仕方に違いはありますが、どのテストも、客観的に話す力の熟達レベルを判定しようとしていること、知識ではなくコミュニケーション能力を測ろうとしていることは共通しています。それぞれのテストの特徴を理解し、取り入れられそうなところがあれば是非活用してみてください。

名称	OPI Oral Proficiency Interview	とよた 日本語能力判定試験	JF日本語教育スタンダード 準拠ロールプレイテスト
開発運営機関	American Council on the Teaching of Foreign Languages 全米外国語教育協会	とよた日本語学習支援システム	国際交流基金
テスト実施の目的	外国語学習者の会話のタスク達成能力を測定する。汎言語的に利用可能。	次の2つの試験がある。①地域の日本語教室に通う必要性を判断する「対象者判定」②日本語のレベルを認定する「レベル判定」	主に海外で日本語を学ぶ学習者を対象に、口頭でのやり取り能力を測定する。
テストの種類	主に熟達度テスト（到達度テストとしても利用可能）	主に熟達度テスト（到達度テストとしても利用可能）	主に熟達度テスト（到達度テストとしても利用可能）
レベル設定	初級（上、中、下）、中級（上、中、下）、上級（上、中、下）、超級、卓越級の5レベル（サブレベルを含めると11レベル）のうち、超級まで判定。卓越級は下記URLに示されているが判定では使わない。	0～6の7レベル（CEFRによるA1、A2、B1、B2、C1、C2の6レベルに0レベルを追加）「対象者判定」では1レベル以下かあるいは2レベル以上かを判定。「レベル判定」では0～4レベル以上の5段階を判定。	JF日本語教育スタンダード／CEFRによる6レベル（A1、A2、B1、B2、C1、C2）のうちC1レベルまで判定。
テストの形式	一対一でインタビューとロールプレイを行う。	一対一で①インタビュー②ロールプレイ③絵を見て話すタスクを行う。	一対一でロールプレイを複数回行う。
時間	30分以内	15～20分	15～25分
判定方法	「総合タスクと機能」「場面／話題」「正確さ」「テキストの型」という4つの要素を総合して判定。	(1)は答えのタイプ、(2)は質問のタイプや適切さ・歩み寄りの必要度・応答、(3)は行動や時間・品名・値段・電話番号などの説明により判定。	課題の達成度を「充分に達成できた」「何とか達成できた」「惜しかったが達成したとは言えない」「全く達成できなかった」の4段階に分けて判定。
テスター養成	トレーニングを受け、テスター資格認定審査に合格すること。	現在は行っていない。	テスト用キット（マニュアル、音声サンプル、映像）を利用して準備すること。
URL	https://www.actfl.org/educator-resources/actfl-proficiency-guidelines/japanese/japanese-speaking	とよた日本語能力判定対象者判定の手引き https://www.tia.toyota.aichi.jp/jp-site/download/とよた日本語能力判定-対象者判定の手引き/	https://www.jfstandard.jpf.go.jp/roleplay/ja/render.do

2-5. テストの設計

　テストを行うからには、教師はテストの質や評価基準の設定に責任を持つ必要があります。本節では、コース途中で行う中間テスト作成を例に、テストの作成、実施、採点までの流れを見ていくことにします。この流れのことを、「テスト設計」または「テストデザイン」と言います。

　ここでは以下のようなクラスを想定して、中間テストの設計をしていきます。

学習者：主専攻で日本語を学ぶ非漢字圏の大学生 20 名×3 クラス

学習の動機：「日本語を使った仕事につきたい」「アニメに興味がある」「日本の小説が好き」など、さまざま。

主教材：『みんなの日本語Ⅰ』（スリーエーネットワーク）
　　　　現在は 10 課まで終了している。

授　業：新しい単語は、小テストで確認している。
　　　　新しい学習項目は、文法説明のあと、教科書の文型練習に加えて、市販の教材も使って、運用力を高めるためのロールプレイやゲームなどを行っている。補助教材を使って聞く練習も行っている。漢字は、1 課が終わるごとに宿題として漢字練習帳をさせている。

方　針：4 技能をバランスよく身につける。

クラスで使っている副教材：『聴解タスク 25』、『漢字練習帳』、『初級で読めるトピック 25』、『やさしい作文』

ふり返りましょう

【質問 64】

あなたが実際に作ったテストを用意してください。それを見ながら、テストを作る前に、次のことを教師同士で確認したり、決めたりしたかどうか思い出してください。

1) テストの概要
　　①対象者
　　②実施日・実施時間・実施場所
　　③出題範囲

2) テストの目的　　到達度を測るのか熟達度を測るのか
3) テストの内容
　　①種類　　　言語知識を測るテストか統合的な運用を測るテストか
　　②領域　　　「文字」「語彙」「表現」「文法」などの区分けはどうするか
　　③技能　　　「読む」「聞く」「書く」「話す」技能のうちどれを扱うか
4) テストの形式
　　①筆記テストかパフォーマンステストか
　　②解答の形式　　記述式、多肢選択式などのうち、どれを使うか
5) 採点の方法
　　①表示方式　　得点か評価シートか
　　②採点者　　　誰がどのように採点するか
　　③採点基準　　採点の基準はどうするか
6) テスト実施のために必要な資源
　　①費用
　　②時間と場所
　　③設備と機材　　　は十分か
　　④参考資料
　　⑤人員
7) 作成の計画
　　①作成分担　　誰が作るか。分担する場合、誰がどの部分を作り、
　　　　　　　　　誰が全体をまとめるか
　　②市販テスト使用の有無
　　　　　　　　　すべて教師が作るか、市販のテストを使うか、
　　　　　　　　　前に使ったものを少し変えて使うか

　上にあげた1)〜7)は、今回行うテストの全体像を決めるために必要な事項です。これらの中には、テストを受ける学習者が事前に知っておいたほうがよい情報も含まれているので、必要な事項は学習者にも伝え、テスト前の不安を取り除くようにします。

　テストの流れを図にすると次の図5のようになります。この図にそって、1つ1つのステップを見ていくことにしましょう。

（1）テストの全体像を確認する

1）テストの概要　　①対象者　　②実施日・実施時間・実施場所　　③出題範囲
2）テストの目的　　到達度を測るのか熟達度を測るのか
3）テストの内容　　①種類　　②領域　　③技能
4）テストの形式　　①筆記テストかパフォーマンステストか　　②解答の形式
5）採点の方法　　①表示方式　　②採点者　　③採点基準
6）テスト実施のために必要な資源　①費用　②時間と場所　③設備と機材　④参考資料　⑤人員
7）作成の計画　　①作成分担　　②市販テスト使用の有無

↓

細目表を作る
【筆記テスト：言語知識・読む・聞く】【パフォーマンステスト：書く・話す】

↓

（2）テストを作る

細目表を見ながらテストを作る。
配点を決める。

細目表を見ながらテストを作る。
評価シートを作る。

↕　　↕

作った問題の中から、いい問題を選ぶ。
全体を調整して、テストを完成させる。解答用紙を作る。
実際に解いてみる。直すところがあれば、修正する。

↓

（3）テストを実施する

印刷、録音機器の準備など、実施のための準備をする。

↓

実施する。

↓

採点する。
どんな間違いが多いか、傾向を分析する。

↓

学習者にフィードバックする。
今後の授業に生かす。

図5：テスト設計の流れ

(1) テストの全体像を確認する

今回想定したクラスでは、テストの全体像 1) 〜 7) を次のようにしました。

1) テストの概要 　①対象者：大学1年生初級日本語クラス（20名×3クラス） 　②実施日・実施時間・実施場所： 　　●月〇日　9時〜10時30分　1番教室 　　●月△日　9時〜10時　　　1番教室 　　●月□日　9時〜12時30分　1番教室 　③出題範囲：『みんなの日本語初級Ⅰ』1課〜10課
2) テストの目的 　　到達度を測るための中間テスト
3) テストの内容 　①種類：言語知識を測るテスト、統合的な運用を測るテストの両方を行う。 　②領域：「文字」「語彙」「表現」「文法」 　③技能：「読む」「聞く」「書く」「話す」
4) テストの形式 　①筆記テスト／パフォーマンステスト： 　　筆記テスト（「文字」「語彙」「表現」「文法」「読む」「聞く」）と、パフォーマンステスト（「書く」「話す」）を行う。 　②解答の形式： 　　筆記テストでは、多肢選択、空所補充、直接記述形式を採用。 　　書くパフォーマンステストは、直接記述形式で行う。 　　話すパフォーマンステストは、教師2名との面接テスト形式で行う。
5) 採点の方法 　①表示方式： 　　筆記テストは得点表示、話すパフォーマンステストは評価シート、書くパフォーマンステストは得点表示と評価シートで表示。 　②採点者： 　　筆記テストは赤ペンで正しい答には〇、間違っている答には×をつけてチェックする。 　　採点結果は教師2名がチェックする。 　　パフォーマンステスト（「書く」「話す」）は教師2名がそれぞれ評価シートに記入し、調整の上、最終評価を出す。

③採点基準：
　　　筆記テストは問題ごとの客観的な採点の基準を作成する。
　　　パフォーマンステスト（「書く」「話す」）では、観点別の4段階の評価シートを作成する。

6）テスト実施のために必要な資源
　　①費用：コピー代
　　②時間と場所：1)の通り
　　③設備と機材：
　　　聴解CD作成のために録音室を使用する。
　　　聴解テストのためにCDプレーヤーを使用する。
　　　話すパフォーマンステストのためにICレコーダー2台を使用する。
　　④参考資料：
　　　『みんなの日本語初級Ⅰ翻訳・文法解説』
　　　『みんなの日本語初級Ⅰ書いて覚える文型練習帳』
　　　『みんなの日本語初級Ⅰ標準問題集』
　　　『みんなの日本語初級Ⅰ聴解タスク25』
　　　『みんなの日本語初級Ⅰ漢字練習帳』
　　　『みんなの日本語初級Ⅰ初級で読めるトピック25』
　　　『みんなの日本語初級Ⅰやさしい作文』
　　　『みんなの日本語初級Ⅰ教え方の手引き』
　　⑤人員：
　　　作成、実施、採点を担当教師3名が行う。
　　　聴解問題の作成のために日本人講師2名に録音を依頼する。
　　　話すパフォーマンステストでは、教師2名が入り、ロールプレイの相手および評価を行う。

7）作成の計画
　　①作成分担：
　　　文字・語彙・表現・文法（1クラス担当者）
　　　読解・聴解（2クラス担当者）
　　　作文・口頭（3クラス担当者）
　　　最後の全体とりまとめは1クラス担当者が行う。
　　②市販テスト使用の有無：
　　　市販テストは使用せず、オリジナルの問題を作成する。

　テストの全体像が確認できたら、「細目表」を作ります。細目表とは、テストの「設計図」のことで、ここには測りたい能力や出題したい項目などをくわしく書き込

みます。細目表があると、複数の教師が分担して問題を作ることができるし、出題内容に偏りが出ないよう、チェックすることもできます。また、テストの妥当性、信頼性を高めるのにも役に立ちます。作成に手間はかかりますが、質のよいテストを作るためには必要なものです。細目表に決まったフォームはありませんが、本書の中では、言語知識・読む・聞く・書く・話す力を測るテストの細目表として、次のpp.80-82のような表を作りました。

　表を左から見ていきます。**A. 大問番号**は、今回作成するテストの大きなまとまり（大問）の通し番号です。通し番号は、単純な問題から複雑な問題、つまり、言語を要素に分解して知識を測る問題から、統合的な運用を測る問題の順で並べていくと、学習者の負担が軽くなります。
　B. 評価の観点は、その問題の中で測りたい具体的な能力です。「漢字が正しく書ける」「テキストの内容を正しく理解することができる」「わかりやすい発音、アクセントで文章を音読することができる」など、測りたい能力がはっきりわかるように記入します。
　C. 解答方法には、「答を書く（＝直接記述）」や「答を選ぶ（＝多肢選択）」など、どんな解答方法を使うのかを書きます。大問ごとに解答方法が違うと、それだけで学習者の負担になってしまいます。解答方法は、学習者が混乱しないように、慣れている方法を使うようにします。
　D. 出題する内容には、実際に出題する項目や、扱うテキスト、テキストに関する情報（テキストのタイプや長さ、場面や話題など）を記入します。出題したい項目やタスクは、主に普段使っている主教材から選んでいきますが、教科書の巻末資料や教師用の補助教材があれば、それらを利用してもいいでしょう。1つの課に集中しないよう、また、重要な項目の取りこぼしがないよう、出題したらチェックを入れるなどするといいでしょう。
　E. 小問数には、大問の中に、具体的な問題がいくつあるかを書き込みます。個々の問題は、あまりに多すぎると最後まで解くことができないし、少なすぎると盛り込まれた学習内容が少なすぎて、テストから得られる情報も少なくなってしまいます。決まった時間内に収まるよう配慮しつつ、十分な数がそろうようにします。
　F. 配点には、1問あたりの配点を記入します。授業中、特に力を入れて学習した問題、応用を含む問題、解答に時間がかかりそうな問題など、どこに重きを置くかを教師が適宜判断し、配点を決めるようにします。

中間テスト細目表

言語知識（文字・語彙・表現・文法）のテスト（1日目）

○つきの数字は、課の番号を表す。波線は省略を表す。

A. 大問番号	B. 評価の観点	C. 解答方法	D. 出題する内容	E. 小問数	F. 配点	G. 小計	H. 備考
I	漢字が正しく書ける	直接解答を書く	父　母　女　…	10	各1	10	
III	習った語の意味が理解できる	答を選ぶ	ものの名前:③ネクタイ ⑦切符 お金　時:④きのう　あした　場所:④デパート ⑤駅 ⑩公園	10	各1	10	
V	動詞の意味が理解できる	答を選ぶ	④働く　休む　寝る　終わる　⑤行く　⑥買う　見る　⑦あげる　もらう　借りる…	15	各1	15	
VI	場面にあった適切な表現が理解できる	答を選ぶ	①失礼ですが　②どうぞ　④どうも　かしこまりました　⑤どういたしまして…	10	各1	10	
VIII	助詞が正しく使える	直接解答を書く	①Nも　①②③N1のN2　④N時に　NからNまで　N1とN2　⑤N へN　NとV　NでV	20	各1	20	
IX	副詞が正しく使える	答を選ぶ	⑦もう　⑧とても　⑨よく　だいたい　たくさん　少し　あまり　全然	10	各1	10	
X	疑問詞が正しく使える	答を選ぶ	⑥なに/なん　⑧どんな　どう　⑨どうして　どれ	15	各1	15	

80

読むテスト（1日目）

A. 大問番号	B. 評価の観点	C. 解答方法	D. 出題する内容	E. 小問数	F. 配点	G. 小計	H. 備考
I	手紙文を読んで、正しく情報を取ることができる	答えを選ぶ	150字前後の手紙文 2通 手紙A：日本人の友だちに向けて、日曜日にしたことを感想を交えて書いたもの。手紙B：手紙Aに対する返事	5	各2	10	『初級で読めるトピック25』8課を参考にする
II	(1) テキストの内容を正しく理解することができる	○か×を書く	ある人の仕事、家族、一日の生活について書かれた300字程度の文章	5	各2	10	教科書8課、9課、10課を合わせて、書き直す
	(2) テキストの内容を正しく理解することができる	答えを選ぶ		5	各2	10	

聞くテスト（2日目）

A. 大問番号	B. 評価の観点	C. 解答方法	D. 出題する内容	E. 小問数	F. 配点	G. 小計	H. 備考
I	正確に情報を取ることができる	答えを選ぶ	名前、出身、家族構成、年齢、仕事について話す5名の自己紹介スピーチ	10	各2	20	新たに録音する
II	正確に情報を取ることができる	答えを書く	日にち、時間、値段についてのやりとりの会話	10	各2	20	
III	適当な応答をすることができる	答えを選ぶ	「あいさつ―あいさつ」「誘い―断り」などの往復で完結するやりとり	5	各2	10	

書くテスト（2日目）

A. 大問番号	B. 評価の観点	C. 解答方法	D. 出題する内容	E. 小問数	F. 配点	G. 小計	H. 備考
I	描写文を書くことができる	短文を書く	部屋の絵を見て、どこに何があるかを描写する短文を書く（5つ）	5	各5	25	オリジナルで絵をかく
II	読み手を意識して、必要な情報をもれなく書くことができる	文章を書く	ピクニックへ行く人を募集する案内のポスターを書く	1	評価シートを使用		

話すテスト（3日目）

A. 大問番号	B. 評価の観点	C. 解答方法	D. 出題する内容	E. 小問数	F. 配点	G. 小計	H. 備考
I	わかりやすい発音、アクセントで文章を音読することができる	文章を音読する	200字程度の文章	1	評価シートを使用		緊張をほぐすため、面接の最初と最後に評価対象外のやりとりの時間を設ける
	読んだ文章に関する質問に、正しく答えることができる	教師の口頭での質問に答える		5			
II	与えられた役割を理解し、課題を達成することができる	ロールプレイ	次の中からいずれか1つを教師が選んで指定する ・デパートでほしいものを探して買い物をする ・隣の部屋に引越しのあいさつに行き、適当な時間に切り上げて帰ってくる ・人間関係を壊さないように誘いを断る	1			

G. 小計には、小問の数と配点をかけた合計を記入するようにします。

H. 備考には、忘れてはいけないこと、参考情報などをメモするようにします。クラスで扱ったテキストを書き直したり、市販の教材を参考にしたりする場合は、その教材のタイトル、当日準備する機材がある場合は、その機材名などを書いておくと便利です。

やってみましょう

【質問65】
過去に作ったテスト（使ったことがあるテスト）を、同じ形式の細目表にしてみましょう。

【質問66】
自分のクラスの中間テストを作るための細目表を作ってみましょう。
教科書は、自分のクラスで使っているものを使ってください。

考えましょう

【質問67】
テストが完成しても、満点が100点にならない場合、どうしますか。

テストを100点にするために、テスト問題が完成してから配点を高くしたり低くしたり、あるいは問題を減らしたりして調整することがありますが、このようなことをしていると、結果的にテストの妥当性が下がってしまう可能性があります。100点になるように無理に調整するよりも、下の計算式を用いて、得点をパーセントで示したほうが、能力と得点の関係が見えやすくなります。

$$\text{パーセント表示による得点} = \frac{\text{学習者の合計得点}}{\text{全問正解だった場合の合計得点}} \times 100$$

たとえば、満点が125点のテストで、ある学習者が88点をとった場合、88 ÷ 125 × 100 ≒ 70（％）となります。

細目表は、表を書き込んだら終わりではありません。次から1つ1つの問題を具

体的に作っていくことになりますが、この間も常に細目表を手元に置き、重複がないか、評価の観点を反映しているかを確認するようにします。

(2) テストを作る

　細目表が完成したら、いよいよ問題を作り始めます。テストは、1回で完成させようとするのではなく、細目表で決めた問題数より多く作っておくようにします。そうすると、たくさん作った中からより適切なものが選べ、学習項目が重なっていたとき、すぐに違うものに変えることもでき、全体のバランスをよくすることができます。

やってみましょう

【質問 68】
p.80の言語知識を測るテストの細目表を見てください。この中にある問題Ⅷに関する記述を見て、実際に問題を5つ作ってください。完成したら、ほかの人と比べ、お互いに批評し合ってください。

考えましょう

【質問 69】
次のテスト問題は、何らかの問題を含んでいます。どこに問題があるのか実際に解いて考えてください。

例1　先生の発音を聞いて、漢字を使って書きなさい。
(1)（　🔊　わたしは、はたちです。）
(2)（　🔊　ちちはおとこで、ははははおんなです。）

例2　（　　　）の中に形容詞を入れなさい。
(1) 漢字の勉強は（　　　　　）が、（　　　　　）。
(2) わたしの友だちは、（　　　　　）です。

84

例3　正しい答を下から選んで（　　　）に入れなさい。

(1) A：さようなら、(　　　　　)。
　　B：また明日。

(2) A：ワインは（　　　　　）。
　　B：（　　　　　）。

①けっこうです　②失礼ですが　③また明日　④かしこまりました
⑤どうぞ　⑥そうですか　⑦いかがですか　⑧どうも

例4　（　　　　）に正しい助詞を入れなさい。

(1) 毎日（　　　　）、朝ごはんを食べますか。

(2) すみません、紳士服売り場（　　　　）、どこですか。

例5　次の文章を読んで、あとの質問に答なさい。

　　ワットさんはIMCの社員です。フランスから来ました。家族は、奥さんと子ども2人で、今、フランスにいます。ワットさんは毎日電話で家族と話します。
　　会社は、東京にあります。仕事は、水曜日と日曜日が休みです。いつも、ワットさんは会社へ電車で行きます。朝も夜も、電車の中に人がたくさんいます。ワットさんは朝と夜の電車が嫌いですが、毎日乗ります。日本の電車は高いですが、便利です。そして、はやいです。
　　来月は、ワットさんの奥さんの誕生日ですから、ワットさんはフランスへ帰ります。きのう、デパートでワットさんは　カメラを買いました。奥さんの誕生日に、このカメラをあげます。

質問1　下の質問を読んで、正しいものには○、正しくないものには×を書きなさい。

(1) ワットさんは、3人家族です。　　　（　　　）

(2) ワットさんは、車で会社へ行きます。　（　　　）

(3) 来月、ワットさんはカメラを買います。（　　　）

(4) 来月、ワットさんは日本にいます。　　（　　　）

筆記テストの問題を作る際は、次の点に気をつけましょう。

- 授業で特に力を入れて扱ったことがテストの内容にも反映されているか。
- 測りたいことが1つに絞れているか。
- 正答は1つしか入らないようになっているか。反対に、正答がないということはないか。
- 誰が採点しても同じ結果になるか。
- 答やヒントになる情報が、テストのどこかに隠れていないか。
- 常識でわかる問題になっていないか。
- 特定の学習者だけが有利になる問題になっていないか。
- 場面の設定ははっきりしているか。
- 問題の指示文は適切で十分か。
- 作った文が、文法的に間違っていたり、文法的に正しくても意味が不自然な文になっていたりしないか。
- 指示文や問題文は学習者のレベルに合っているか。
- 最後まで終わらないほど量が多くなっていないか。
- 答に同じ数字や〇（または✕）が続いていて、バランスが悪くなっていないか。
- 真正性が低くないか。

　問題の作成が終わったら、全体を見渡しながら検討し、最終的に残す問題を決めます。ここでは、作成した問題をできるだけ批判的に検討し、よいものだけを残していくようにします。1人で集中して問題を作っていると、不注意な間違いがあっても見落としてしまうことがあります。このようなことがないよう、ほかの教師にチェックを依頼したり、少し冷静になってから自分で見直したりして、完成度を高めるようにします。解答時間や難しさが適当かどうか判断するために、学習者の立場で解答してみることも忘れてはいけません。

　問題が完成したら、それに合った解答用紙を作ります。小問の数と合っているか確認しながら、十分なスペースをとって作成しましょう。配点まで書いておくと、学習者も解答の際参考にしますし、教師も採点する際に得点の計算が楽です。
　最終点検では、実際に模範解答を書き込んでみて、解答用紙に不備がないかも確認します。

【質問70】
問題用紙と解答用紙を別々にするのと、いっしょにするのとでは、テスト実施の面でどのような違いが生じますか。それぞれの長所と短所を考えてください。

次に、統合的な運用を測るテスト（ここでは、話すテスト）について考えます。話すテストは、実施にも採点にも時間がかかるため、数多く出題することができません。限られた問題数の中で、妥当性や信頼性を持たせるためには、次の点が明確になっていることが重要です。
● どのような課題を設定するのか。
● どのような評価の観点を設定するのか。
● どのような評価基準を設定するのか。
評価の観点や評価基準については、事前に学習者に知らせ、共有しておくとよいでしょう。

【質問71】
話すテストでは、ロールプレイを行うことがありますが、下のようなロールカードでテストを行った場合、学習者は混乱するかもしれません。どのように直せばよいか、改善案を考えてください。

ロールカード　　　※説明は母語

　あなたは新しいマンションに引っ越しました。となりには、同僚の日本人Ａさんが住んでいます。Ａさんの部屋にあいさつに行ってください。

やってみましょう

【質問72】
次は、話すテストの評価シートです。空欄①〜④を埋めてください。

評価シート：訪問のロールプレイ

> 内容：同僚の日本人Aさんの部屋を訪問して
> チェックポイント(1) 訪問のあいさつをする
> チェックポイント(2) はじめて会うAさんの家族に対して簡単な自己紹介をする
> チェックポイント(3) タイミングを見て、家に帰るためのあいさつをする

評価の観点		1 がんばって！	2 もう少し！	3 できた！	4 すばらしい！
活動全体		チェックポイント(1)〜(3)のうち、1つしか達成することができない。または1つも達成することができない。	①	チェックポイント(1)〜(3)のうち3つすべてを達成することができる。	チェックポイント(1)〜(3)のうち3つすべてを達成し、さらに相手の反応に合わせて会話を進めることができる。
社会言語能力		丁寧なことば遣いと態度で、コミュニケーションを行うことができない。	思い出すのに少し時間がかかり、不自然さはあるが丁寧なことば遣いと態度で、コミュニケーションを行うことができる。	丁寧なことば遣いと態度で、コミュニケーションを行うことができる。	②
言語構造	語彙・文法	③	ときどき間違いがあるが、学習した語彙や文法を使うことができる。	学習した語彙や文法をほとんど間違えずに、使うことができる。	学習した語彙や文法を、会話の流れに合わせて自由に使いこなすことができる。
	発音	聞き取りにくいところが多く、言っていることを理解するのが難しい。	聞き取りにくいところはまだあるが、相手がよく聞けばだいたい理解できる。	④	聞き取りにくいところはなく、よく理解できる。

(3) テストを実施する

　ここで言う実施とは、テストの前日、当日、後日までを含みます。せっかくいいテストを作っても、不適当な条件の下で実施されたのでは、期待した成果は得られません。ここでは当然と思われることにも触れていますが、テストをスムーズに実施するため、もう一度ふり返ってみましょう。

ふり返りましょう

【質問 73】
テストの前日、当日、そしてテストの後に教師はどんなことをしなければならないでしょうか。思いつくことをあげてみましょう。

前日

　テストの前日には、会場の下見をしておきます。会場は、広すぎると目が行き届きませんし、狭すぎると学習者同士の解答が見えてしまいます。クラスのテストでは、普段使っている教室を使うことが多いと思いますが、テストのときは、他人の解答が見えないよう、机といすを適当な間隔で配置するようにします。また、壁に貼ってある掲示物にヒントとなるものがあれば一時的にはずしておきます。掛け時計に狂いがないかも事前に確認しておきましょう。聴解のテストがある場合は、機材がきちんと動くか、使い方に不安はないか、音量は十分か、実際に音声を出してチェックしておきます。会場のチェックが終わったら部屋に鍵をかけて戻り、問題用紙と解答用紙が、人数分に加えて予備の分がそろっているか確認をします。念のため、貸し出し用の筆記用具も準備しておきます。
　ここまですべて整ったら、教師が当日行う行動を確認します。科目の順番やテスト時間は頭に入っているか、途中退出はどの科目でどれぐらいから認めるか、テスト時間内に学習者に伝えなければならないことで忘れていることはないかなど、一度確認をしておきます。学習者からの質問にすぐに対応できるよう、問題にも目を通しておくと万全です。

当日

　当日、教師は早めに会場に入って全員がそろうのを待ちます。テストなので、いつもより緊張感を持って応対するようにします。集まった学習者の時間を無駄にしないよう、予定の時間になったらテストを始めます。1人1人にテスト一式を配り、全員に行きわたったのを確認したら、開始を告げて一斉に始めます。
　テスト中は、雑音を立てないよう気をつけながら、ときどき机と机の間を回って、学習者の解答状況を把握するようにします。テストの終了が近づいたら、残り時間をアナウンスします。終了時間になったら問題用紙と解答用紙を回収し、全員分があるかどうか確認します。確認ができたら、試験の終了を告げて終わりにします。

> 後日

　テストが完成し、実施も終わったら、最後は採点と評価です。学習者の伸びを正確に測り、今後の学習につなげていくためにも、どちらも丁寧に行います。

【質問74】

採点が終わって返却するとき、学習者にどんな情報を伝えますか。自分の経験をふり返って、やっていること、やっていないことに分けてください。それぞれを伝える（伝えない）理由も考えてみましょう。

　　a. 各学習者に、得点を伝える
　　b. 各学習者に、今後の課題を伝える
　　c. クラス全体に、クラスの平均値を伝える
　　d. クラス全体に、クラスの最高点と最低点を伝える
　　e. クラス全体に、多くの学習者が間違えたところを伝える
　　f. 各学習者に、クラス内での順位を伝える

　フィードバックの方法はさまざまですが、今回の中間テストの目的は、授業で学習した項目を学習者がどの程度身につけ、設定した目標に達しているかを把握すること、そして、今後どのような学習を進めていけばよいかという情報を得ることです。そのような観点からすると、上のa〜fの中で学習者にとって有効な情報はa、b、eということになります。c. 平均値、d. 最高点と最低点、f. クラス内での順位は、ほかの人の結果と比べるための情報で、到達度の評価に必要な情報ではありません。
　採点後、解答用紙を返却し、答え合わせをするだけでは、学習者は自身の今後の課題を具体的に把握することができません。テストのフィードバックでは、今後の学習の動機づけとなるような情報も加えて返却するようにします。
　到達度を客観的に表すのは簡単ではありませんが、ここではテストのために作成した細目表を次ページにあるようなフィードバックシートとして再利用し、学習者ができること、できないことを見ていくことにします。

　フィードバックシートの中の評価の観点は細目表のままですが、学習者にわかりやすいように、測りたい知識・技能という欄をいちばん左に設け、大問のどの範囲がそれに当たるのかをまとめました。そして、評価の観点の右側には学習者の得点と配点を記入し、「得点÷配点×100」という計算式で出した数字を到達度として示

中間テストフィードバックシート

測りたい知識・技能	大問番号	評価の観点	得点／配点	到達度（％）	備考
文字	I	漢字が正しく書ける	5／10	50	＊
語彙	III	習った語の意味が理解できる	7／10	70	
	V	動詞の意味が理解できる	9／15	60	
表現	VI	場面にあった適切な表現が理解できる	5／10	50	＊
文法	VIII	助詞が正しく使える	16／20	80	
	IX	副詞が正しく使える	10／10	100	
	X	疑問詞が正しく使える	13／15	87	
	XI	述語の活用ができる	20／20	100	
読む	I	手紙文を読んで、正しく情報を取ることができる	8／10	80	
聞く	I	正確に情報を取ることができる	12／20	60	
	II	正確に情報を取ることができる	14／20	70	
	III	適当な応答をすることができる	10／10	100	

しました。評価基準をどのように設定するかにもよりますが、ここでは到達度が60パーセントよりも低かった場合、備考欄に＊をつけ、今後、力を入れて学習しなければならない項目がわかるようにしました。このようなフィードバックシートを作成し、解答用紙といっしょに返却すると、教師も学習者もともに今後の課題についての情報を共有することができます。

考えましょう

【質問75】
結果が悪かった学習者の人数が少なければ、教師はその学習者への個別指導を多くするなどして対応すればよいのですが、クラス全体のテスト結果が低かった場合、どうすればいいでしょうか。また、クラス全体のテスト結果が悪い理由としてはどんなことが考えられるでしょうか。

クラス全体の結果があまりよくなかった場合、次の可能性が考えられます。
可能性a：指導計画や指導の実行に問題はなく、学習者の伸びも順調だったが、テストの妥当性に問題があった。
可能性b：指導計画や指導の実行に問題があったため、学習者が伸びなかった。

順調に指導ができていたにもかかわらず、テスト結果が悪かった場合、まず考えなければならないのは、テストの妥当性です。教師が、到達目標よりも高いレベルのテストを作ってしまった場合や、到達目標は適切でも教室で教えた内容と異なる評価の観点を設定して作成した場合、このようなことが起こることがあります。

テスト自体に問題がないにもかかわらず、得点が低い場合は、指導計画のほうを見直すことを考えます。具体的には、今後、到達目標を低くしたり、使う教材を変えたり、教え方を変えたりして、授業改善につなげます。

テストから得られる情報は、学習者の伸びを測ることのほか、カリキュラム改善へのヒントにもなりますが、毎回質の高いテストを作るのは大変です。テスト実施の後、問題そのものを分析し、質のよいものを選び出して再利用することは、時間の節約や結果の安定につながります。そこで、次節では、テストを実施し、フィードバックを行った後、どのようにテスト得点を分析し、テスト結果を有効活用していくかについて見ていくことにします。

2-6. テスト得点の分析

採点が終わり、個々の学習者の得点が出ましたが、この得点をどう解釈すればいいのでしょうか。以下では、今後の学習やコース運営のヒントとするために、得点の分析方法について見ていきます。

(1) 正答率と識別力

まずは、テストの質について分析します。各問題がどのぐらい難しかったかは、各問題の**正答率**から判断することができます。正答率は、次の式で計算します。

$$正答率 = \frac{正解した学習者数}{全学習者数}$$

たとえば、クラス20人のうち16人が正解すれば、正答率は16/20 = 0.80、10人が正解すれば10/20 = 0.50になります。正答率が高ければ高いほどその問題はやさしく、低ければ低いほど難しいということになります。

正答率の計算は、電卓やエクセルなどの表計算ソフトを使うと簡単にできます。

次の表1は、正解を1、不正解を0として、1つ1つの問題の解答状況を入力し、正答率を出したものです。このような表を使って正答率を計算すると、問題1つ1つの難しさ、やさしさがわかります。

たとえば、問題Ⅰ（1）は20人のこのクラスでは16人が正解しており、正答率が0.80と高いため、やさしい問題だったことがわかります。一方、（3）は20人中、正解者は8人で、正答率は0.40ということから、この問題はやや難しかったことがわかります。正答率の高い問題は、通常、基本的な問題で、ぜひできるようになってほしいものが多くあります。教師は、テスト後のフィードバックの際にそれぞれの正答率を学習者に知らせ、正答率が高い問題なのに自分が間違えていたら、その問題を特によく復習するよう伝えましょう。

表1：各問題の解答状況

学習者番号	問題Ⅰ					
	(1)	(2)	(3)	(4)	(5)	(6)
1	1	1	0	1	1	1
2	1	1	0	0	1	0
3	1	0	0	1	0	0
4	1	0	0	1	1	0
5	1	1	0	0	1	1
6	0	0	0	1	1	0
7	1	1	0	0	0	1
8	1	0	1	0	1	0
9	1	1	0	0	1	1
10	1	0	1	0	0	1
11	0	1	0	0	1	0
12	1	0	0	0	1	0
13	1	1	1	1	1	1
14	1	1	1	1	1	1
15	1	0	0	1	1	1
16	0	0	1	0	1	0
17	1	1	0	1	0	1
18	0	1	1	1	1	1
19	1	1	1	1	1	0
20	1	1	1	1	0	1
正解者数	16	12	8	11	15	11
正答率	0.80	0.60	0.40	0.55	0.75	0.55

次に、作成したテスト問題がよいものだったかどうかをどのように確認するか、テスト問題の分析について説明します。

考えましょう

【質問76】

助詞の問題の中で、正答率が0.15の問題と、0.95の問題があったとします。この数値からどんなことが言えますか。このような数値が出た理由としてどんなことが考えられますか。

正答率0.15の問題は、ほとんどの人ができなかったとても難しい問題、正答率

0.95の問題はほとんどの人が正解できたとてもやさしい問題と言えます。教師は、この数字を見てなぜこのような結果になったのか、その理由を考える必要があります。このように正答率が高すぎたり低すぎたりした場合は、まず、問題の「妥当性」（2-2.(1)参照）を検討しましょう。原因としては、出題範囲ではない文字や語が含まれていたため答えられなかったことなどが考えられます。（読解や聴解の問題であれば、トピックや内容に問題があったことも考えられます。）

やさしすぎたり、難しすぎたりする問題では、学習者の能力を正確に測ることができません。そこで、今度は、能力が高い学習者と低い学習者を見分ける（識別する）という観点から問題の質を分析します。その問題が能力の違いを見分けられるかどうかは**識別力**を計算することでわかります。識別力は次の式で計算します。

識別力＝（テスト得点の上位グループの正答率）－（下位グループの正答率）

識別力を出すには次の手順をとります。①クラスの学習者を総得点の高い順番に並べ、上位グループ、中位グループ、下位グループの3つに分ける。②上位グループ、下位グループの中で各問題の正答率を出す。③上位グループの正答率から下位グループの正答率を引く。③の結果、出てきた数値が識別力です。この計算も、電卓や表計算ソフトを使うと簡単にできます。

①②③の方法で計算した結果0.4以上なら一般的に識別力が高い問題、0.2以下なら識別力が低い問題と判断できます。テストの質が高いかどうかを判断する目安の1つとしては、このように、正答率が高すぎたり低すぎたりしていないか、識別力が低くないか、などをチェックします。質のよい問題を効率よく作成するためにも、クラスでテストを実施した後は正答率や識別力を出し、来年以降、別の学習者のテストに使うことを考えて、よい問題はそれらのデータとともに保管しておくようにしましょう。

表2：各問題の識別力

学習者番号	問題Ⅰ (1)	(2)	(3)	(4)	(5)	(6)	総得点	
20	1	1	1	1	0	1	93	上位グループ
14	1	1	1	1	1	1	90	
1	1	1	0	1	1	1	88	
13	1	1	1	1	1	1	87	
19	1	1	1	1	1	0	85	
8	1	0	1	0	1	0	81	
9	1	1	0	0	1	1	79	
正解者数	7	6	5	5	6	5		
正答率①	1.00	0.86	0.71	0.71	0.86	0.71		
4	1	0	0	1	1	0	60	下位グループ
5	1	1	0	0	1	1	59	
16	0	0	1	0	1	0	57	
15	1	0	0	1	1	1	56	
2	1	1	0	0	1	0	54	
11	0	1	0	0	1	0	52	
12	1	0	0	0	1	0	42	
正解者数	5	3	1	2	7	2		
正答率②	0.71	0.43	0.14	0.29	1.00	0.29		
①−②＝識別力	0.29	0.43	0.57	0.43	−0.14	0.42		

【質問77】

表2の問題Ⅰ(5)は、識別力が-0.14になっています。この数値から、どのようなことが言えるでしょうか。

次は、テストの結果からクラスや個人にどのような特徴が見られるのか、分析していくことにしましょう。

(2) 平均値と中央値

テストが終わったら、**平均値**（平均点とも言います）を計算し、学習者に伝えることが多いと思います。平均値は、全員の得点を合計し、人数で割れば求めることができます。

$$平均値 = \frac{全学習者の得点の合計}{全学習者数}$$

やってみましょう

【質問 78】

次の表3に、3つのクラスで、同じ日に同じテストを行った結果を示しました。それぞれのクラスの平均値を出してください。

表3:クラス別テスト結果（学習者番号順）

学習者番号	1クラス	2クラス	3クラス
1	88	49	100
2	72	78	100
3	69	79	100
4	60	59	90
5	61	69	85
6	70	98	82
7	66	59	70
8	69	49	100
9	79	89	43
10	67	100	27
11	52	89	15
12	42	39	100
13	87	79	51
14	90	29	89
15	56	68	79
16	57	19	34
17	74	90	62
18	77	100	100
19	79	69	44
20	93	79	31
平均値			

考えましょう

【質問 79】

【質問 78】の結果、3つのクラスの平均値はいずれも約 70 点で、能力は変わらないように見えますが、1人1人の得点に目を向けるとそれぞれのクラスの特徴が見えてきます。表3を、①得点は何点から何点の間に散らばっているか、②何点台の人がいちばん多いかという2つの観点でもう一度見直して、各クラスの特徴を考えてください。

平均値が同じでも、1クラスのようにほとんどの学習者が平均値に近い点数をとった場合もあれば、3クラスのように 100 点をとった学習者が6人もいる一方で 10 点台、20 点台、30 点台の学習者がいてクラスの得点が広く散らばっている場合があります。このことから、平均値は、必ずしも「クラスの真ん中」を意味するものではないことがわかります。

テストの結果に極端な値があるときには、平均値ではなく、**中央値**を用いたほうが、より正確にそのグループの「中心的な位置」を出すことができます。中央値とは、すべての得点を順番に並べたとき、ちょうど真ん中にくる数値のことです。クラスの人数が奇数の場合は、中央に来た人の得点が中央値になりますが、偶数の場合は、中央に最も近い2人の得点を足して2で割った値が中央値になります。

やってみましょう

【質問 80】

表3に示したクラスについて中央値を出す場合、20 人のクラスなので、上から 10 番目と 11 番目の得点を足して2で割ると、1クラスは 69.5、2クラスは 73.5 となります。3クラスの中央値を計算してください。

表4：クラス別テスト結果（高得点順）

1クラス			2クラス			3クラス	
学習者番号	得点		学習者番号	得点		学習者番号	得点
20	93		10	100			
14	90		18	100			
1	88		6	98			
13	87		17	90			
9	79		9	89			
19	79		11	89			
18	77		3	79			
17	74		13	79			
2	72		20	79			
6	(70)		2	(78)			
3	(69)		5	(69)			
8	69		19	69			
平均値	70.4		平均値	69.5		平均値	70.1
中央値	69.5		中央値	73.5		中央値	

上で見たように、3つのクラスの平均値はほぼ同じでも、中央値はクラスによって大きな差があることがわかります。クラスの得点の散らばりが大きく、極端に大きな値や小さな値がある場合は、中央値によってグループの中心位置を確認しましょう。

(3) 度数分布表とヒストグラム

p.97の表3で示した3つのクラスの得点は、平均値はほぼ同じですが、学習者20人の得点の散らばりが違いました。以下では、この得点の散らばりについて見ていきましょう。

やってみましょう

【質問81】

次の表5は、表3で示した3つのクラスの得点を10点ごとに区切り、その範囲の学習者の人数を示したもので、**度数分布表**と言います。3クラスの空欄を埋めてください。

表 5：クラス別度数分布表

1 クラス

得点	人数
0 〜 10	0
11 〜 20	0
21 〜 30	0
31 〜 40	0
41 〜 50	1
51 〜 60	4
61 〜 70	6
71 〜 80	5
81 〜 90	3
91 〜 100	1

2 クラス

得点	人数
0 〜 10	0
11 〜 20	1
21 〜 30	1
31 〜 40	1
41 〜 50	2
51 〜 60	2
61 〜 70	3
71 〜 80	4
81 〜 90	3
91 〜 100	3

3 クラス

得点	人数
0 〜 10	
11 〜 20	
21 〜 30	
31 〜 40	
41 〜 50	
51 〜 60	
61 〜 70	
71 〜 80	
81 〜 90	
91 〜 100	

【質問 82】

【質問 81】の度数分布表を 1 クラス、2 クラスについてグラフにしたものが下のグラフ 1 とグラフ 2 です。3 クラスについて、次ページのグラフ 3 にかいてみてください。

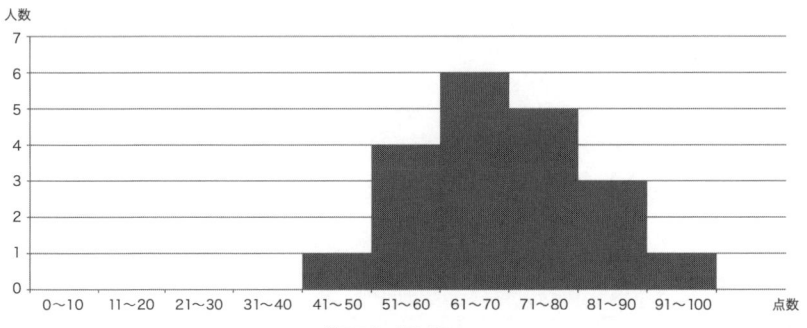

グラフ1：1クラス

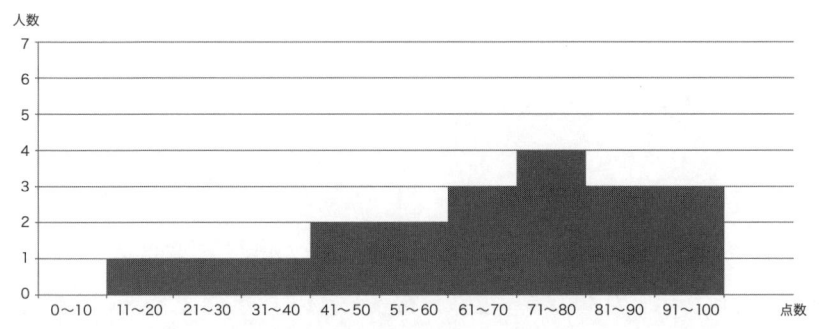

グラフ2：2クラス

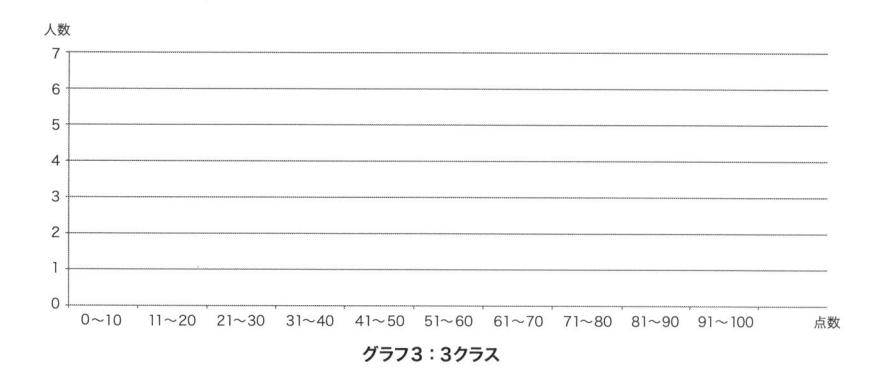

[グラフ3：3クラス — 縦軸：人数（0〜7）、横軸：点数（0〜10, 11〜20, 21〜30, 31〜40, 41〜50, 51〜60, 61〜70, 71〜80, 81〜90, 91〜100）]

上のように、度数分布表をグラフにしたものを**ヒストグラム**と言います。

考えましょう

【質問83】

1クラス、2クラス、3クラスそれぞれの今後の指導に関して、教師が考えなければならない課題は何ですか。【質問82】のヒストグラムを見ながら考えてください。

(4) 標準偏差

【質問78】から【質問83】で、平均値は同じでも、得点の散らばりが違う3つのクラスの例を見ましたが、得点の散らばり具合を示す数値として**標準偏差**があります。標準偏差を出すには、平均値と個々の学習者の得点を使います。計算式は次の通りです。

$$標準偏差 = \sqrt{\frac{(学習者Aの得点 - 平均値)^2 + \cdots (学習者Xの得点 - 平均値)^2}{全学習者数}}$$

標準偏差は次の手順で計算します。①クラスの平均値を出す。②個々の学習者の得点から平均値を引いて2乗し、これをクラスの人数分行う。③全員の結果を足す。④③で出た数値を学習者の数で割り平方根 $\sqrt{}$ を求める。エクセルなどの表計算ソフトを使えば、次に示すような方法で簡単に算出できます。

② fxのボタンをクリックする

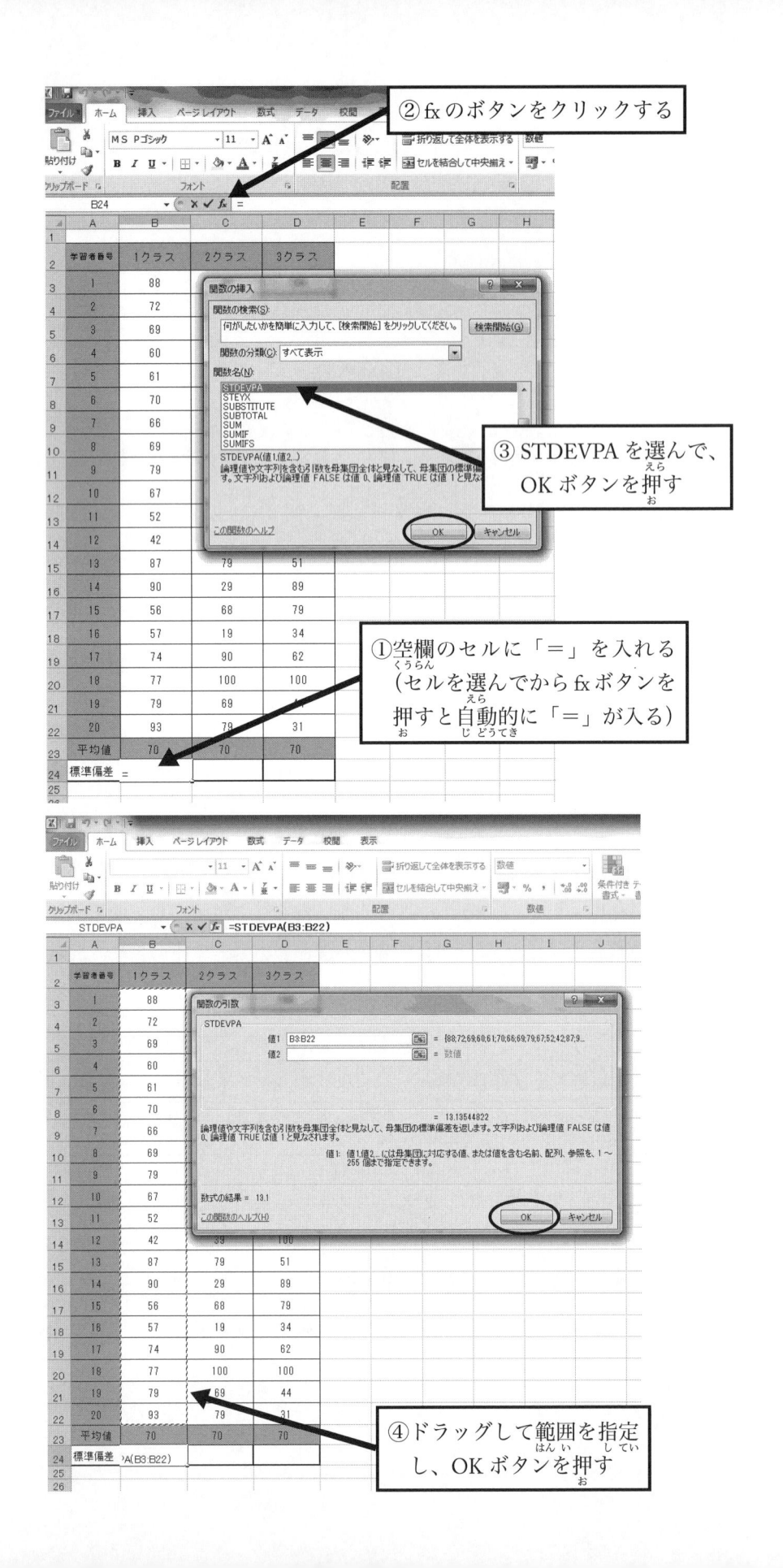

③ STDEVPAを選んで、OKボタンを押す

① 空欄のセルに「=」を入れる
（セルを選んでからfxボタンを押すと自動的に「=」が入る）

④ ドラッグして範囲を指定し、OKボタンを押す

⑤この数値が標準偏差

やってみましょう

【質問84】
表計算ソフトを使って、2クラス、3クラスの標準偏差を求めてみましょう。

コラム＜正規分布＞

　次ページの図Aのように左右対称のベル型の分布を正規分布と言います。実際には数十人のデータでこのような形になることはありませんが、だいたい、ベルの形になっていれば正規分布と考えます。得点の分布が「正規分布」であれば、「平均値＋／－標準偏差」の範囲に全体の68％が含まれます。標準偏差とは、得点の分布がどれだけ散らばっているかを示す数値です。2クラスの得点は1クラスの得点よりも散らばっているので、2クラスの標準偏差（22.8）は1クラス（13.1）よりも大きく、2クラスの分布（図C）は、1クラスの分布（図B）よりも幅が広いことがわかります。

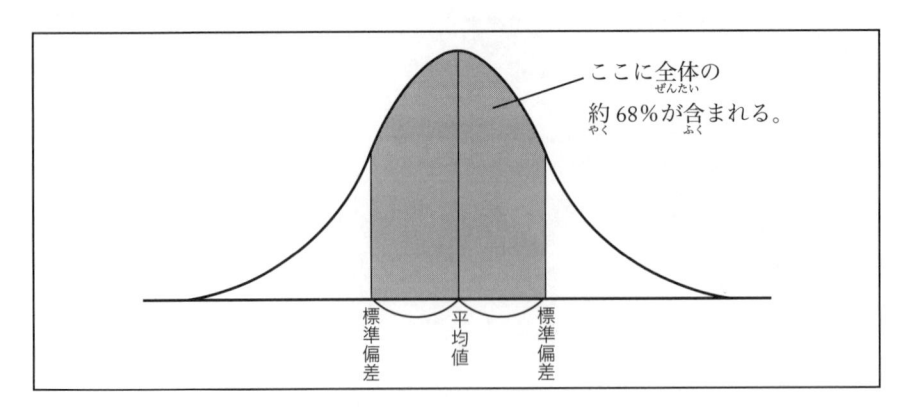

図A：正規分布の図

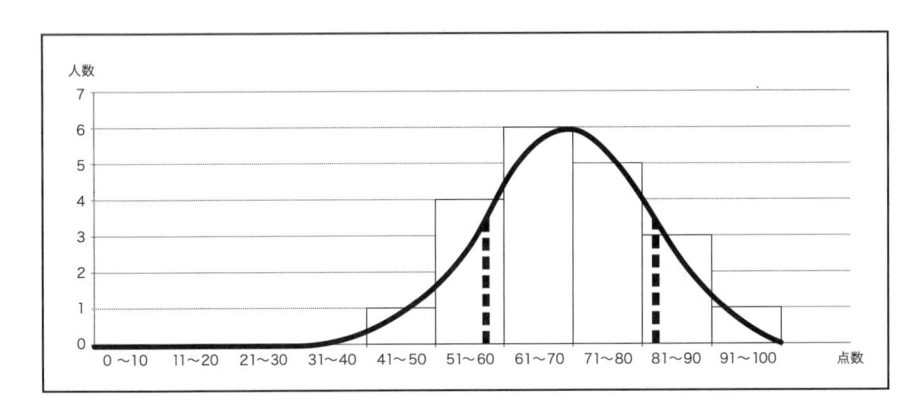

図B：1クラスの分布

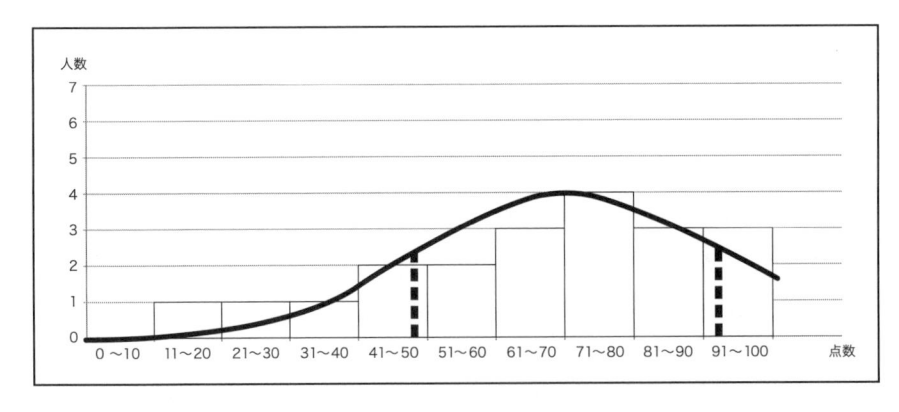

図C：2クラスの分布

MEMO

3 テストによらない評価

　第2章では、テストは何を測るべきか、何を測ることができるのかを中心に考えてきました。それは同時に、テストで測りにくいものは何かを考える機会にもなったと思います。第3章では、テストで測りにくいものを補う評価の方法について考えていきます。

考えましょう

【質問85】
もし学習の評価をテストだけによって行うとしたら、どんな問題がありますか。テストで測りにくいのは言語能力のどんな側面でしょうか。

　第2章で扱ったような「テスト」では、時間や空間の制限などから、学習者が現実の場面で何ができるのかという運用 (performance) を十分に測ることが困難です。また、言語学習を進める力として重要なストラテジー能力、言語学習の成果として重要な異文化理解能力、学習を支える意欲や努力などもテストでは測ることが困難です。ポートフォリオは、テストで得点化することが難しい学習要素にも注目し、テストにはない役割を果たします。

3-1. ポートフォリオとは

　ポートフォリオは、学習に関するさまざまな情報を入れておく「書類入れ」という意味で、学習経過の記録や成果物を、学習者自身が保存しておくものです。具体的には、学習者1人ずつに紙ファイルや箱のような「書類入れ（ポートフォリオ）」を用意して、そこに学習記録を入れていきます。（学習記録が電子化できれば、コンピューターに保存してもかまいません。）
　たとえば、学習者の発話を録音（録画）したテープやディスク、学習者が書いた作文や作品、聞いたり読

んだりした日本語・日本文化に関する記録、自己評価の記録などを入れます。テストの解答や会話テスト等でのパフォーマンスの記録（録音・録画や教師からのコメントなど）もポートフォリオに入れるものとして考えられます。

学習の記録や成果物を保存しておいて評価の対象とするポートフォリオには、次のような特徴があります。

① 「部分」よりも「全体」を評価する
② 「結果」よりも「過程」を評価する
③ 長期間にわたる「変化」を評価する

①は、特定の文法や特定の場面におけるパフォーマンスといった部分的な言語活動だけでなく、さまざまな場面、さまざまな技能による言語活動を全体的に評価するということです。②は、何ができるようになったかという「結果」だけでなく、どんな練習や経験を通してできるようになったか、その途上でどんな誤りや失敗があったかという「過程」を観察して今後の学習への指針を得ようということです。③は、数カ月から数年という長期間にわたる言語学習活動を続けて記録し、コミュニケーション能力の向上あるいは意欲や学習方法の改善に見られる変化を見ていこうとするものです。①②③は、どれもテストでは測りにくい評価の側面で、ポートフォリオには、これまでのテストを補う役割が期待できます。

考えましょう

【質問86】
学習者にとっての評価の意味を考えた場合、ポートフォリオ評価とテストによる評価はどのように違うでしょうか。

ポートフォリオ評価のいちばんの利点は、**学習者自身が評価に深く関わること**です。その際、評価の視点や内容を学習者と教師が共有することも大事な点です。ポートフォリオを使えば、教師と学習者が、パフォーマンスも含めた具体的な成果を確認し、次に目指すべき目標を具体的に話し合うことが可能です。また、学習者や教師以外の第三者（たとえば、年少の学習者なら両親、仕事のために日本語を学んでいる学習者なら職場の仲間や上司など）と学習成果を共有することもできます。学習者が現在のコースで学ぶ期間だけではなく、一生におよぶ日本語学習の記録をポートフォリオに収めることにすれば、学習者がコースや学校を移ったときにも学習記録を正確に伝えることができます。

いざポートフォリオ評価を始めようとすると、ポートフォリオには、いつ、何を、どのぐらい入れるのか、ポートフォリオはどこに置いて、誰が管理するのか、ポートフォリオに入れたものをどのように評価するのかなど、不安に思う点もあることと思います。以下では、これらのことについて、順番に考えていきましょう。

3-2. ポートフォリオには、いつ、何を、どのぐらい入れるか

考えましょう

【質問87】
ポートフォリオにはどんな物をどのぐらい入れるといいのでしょうか。ポートフォリオに保存しておくといいと考えられるものについて、自由にアイディアを出し合ってください。

　ポートフォリオ評価の特徴は、すでに見たように、①「部分」よりも「全体」、②「結果」よりも「過程」、③長期間にわたる「変化」を評価することです。
　①のためには、日本語学習に関するさまざまな側面の記録をバランスよく残すことが大事です。たとえば、言語の知識面だけでなく運用 (performance) の記録を残すこと、運用の中でも「聞く」「話す」「読む」「書く」の4技能のバランスに注意すること、日本語だけでなく日本文化に関する学習の記録も必要に応じて残すことなどが考えられます。また、学習者の自己評価の記録として、自己評価チェックリスト（第1章参照）や学習日誌、ジャーナルなど、学習者が自分自身をどれだけ客観的に見ているかという記録を残すことも大事です。
　②のためには、学習者が何ができるようになったかだけではなく、どのように（どのような方法で、どのような努力によって）できるようになったのかが大事です。ジャーナルなどの学習記録は、学習者が自分の日本語・日本文化に関する体験を計画したり、ふり返ったりする記録として有効な資料だと考えられます。
　③のためには、文字通り長期間続けることが重要です。ポートフォリオ評価は、あるコースの中だけで終わるのではなく、学校を卒業したり、進学したりしても、日本語の学習を続けている間はずっと続けられる形式で作るのがいいでしょう。

【質問88】

学習者が自分の日本語・日本文化に関する体験を計画したり、ふり返ったりする記録として、次のような学習記録シートを作ったとします。あなたの学習者だったら、どんなことを書くと思いますか。（学習者が実際に書く場合は、母語による記録でもかまいません。）学習者になったつもりで、書いてみてください。また、シートの作り方や質問のしかたについて改善案や新しいアイディアを出し合ってください。

この学習記録シートは、1カ月に一度書く例になっていますが、あなたの学習者の場合、どのぐらいの頻度で書くのがいいかについても考えてください。

学習記録シート（20XX 年 X 月）

名前＿＿＿＿＿＿＿＿＿＿＿

1. 1カ月前とくらべて、日本語でできるようになったことを1つ書いてください。

2. いま日本語でできるようになりたいことは何ですか。

3. 1カ月前とくらべて、日本について新しく知ったことは何ですか。

4. いま日本についてもっと知りたいことは何ですか。

上の学習記録シートは日本語・日本文化について何を学んだかについてふり返らせていますが、「何を学んだか」だけでなく、「どのように学んだか」について注目させることも重要です。たとえば、「この1カ月にやった活動の中であなたが好きだったことは何ですか。それはなぜですか。」という質問によって、どんな学び方が効果的だったかについて考えさせることができるかもしれません。さらに、ほかの学習者の学び方に注目させるのもいいでしょう。たとえば、「クラスメートの勉強方法で参考になったものがあったら書いてください。」というような質問も考えられます。ただし、このような学習記録シートは、長く続けることに意味があるので、質問の数が多すぎて負担にならないような注意も必要です。

【質問89】

教室でのパフォーマンスの記録（発話録音や作文など）から宿題、テストまで、ポートフォリオに残せる物は数多くあります。形として残せるものをすべて入れるとして、そのことの利点と問題点を話し合ってください。

　ポートフォリオに保存する物は、その種類（4技能やトピックなど）が多様であったほうが学習者の達成度を広い範囲で記録できます。一方、保存する物は、必ずしも数が多ければ多いほどいいわけではありません。評価や管理のためには、数を限定する必要もあります。教師が学習者全員のポートフォリオの中身を確認して評価することを前提にするなら、たとえば「クラス内活動の成果を3つ、学習者が自由に選ぶクラス内外の活動の成果を2つ」というように、具体的で明確な指示を出すといいでしょう。（電子化してコンピューターに保存する場合、保存するものが多くても問題はありませんが、その場合も教師が評価する成果物については指定することが必要です。）

　また、学習者自身が選んで入れるものを必ず含めることは重要です。自分のポートフォリオに何を入れれば自分の学習経過を記録することができ、どうすれば学習目標にもっと近づくことができるのか、このようなことを考えることは、学習者が自分の学習に責任を持ち、学習に主体的に関わっていくことにつながります。

　ポートフォリオに入れる物には、整理番号と日付を明記し、同時に次の表6のようなポートフォリオの内容一覧を作っておくといいでしょう。

表6：ポートフォリオの内容一覧の例

	整理番号	保存の形態	内容	中心的な技能	ポートフォリオに入れた日
クラス内活動【指定】	1	CD コメントシート	自分の名前、誕生日、趣味などについて自己紹介をした時の録音とクラスメートや先生からもらったコメントシート	聞・⑳話・読・書・文化	20XX.4.30
	2	コメントシート	友だちの自己紹介を聞いて、質問したいことや感想を書いたコメントシート	⑳聞・話・読・書・文化	20XX.4.30
	3	ポスター	周囲の日本人にインタビューして、その紹介文を書いたポスター	聞・話・読・⑳書・文化	20XX.5.25
	4	CD	スポーツ、コンサートなどに友だちを誘うロールプレイの録音	聞・⑳話・読・書・文化	20XX.6.28
	5			聞・話・読・書・文化	
	6			聞・話・読・書・文化	
	7			聞・話・読・書・文化	
クラス外活動【任意】	A	CD ポスター	日本語クラブの活動で、自分の好きなアニメやドラマのキャラクターを紹介した時の録音とポスター	聞・⑳話・読・⑳書・⑳文化	20XX.4.30
	B	写真	日本料理（みそしるとたまごやき）を作った時にとった写真	聞・話・読・書・⑳文化	20XX.5.30
	C			聞・話・読・書・文化	
	D			聞・話・読・書・文化	
	E			聞・話・読・書・文化	
			自己評価チェックリスト（コース開始時記入）		20XX.4.1
			自己評価チェックリスト（コース終了時記入）		
			学習記録シート（ふりかえりシート）20XX年4月分		20XX.4.30
			学習記録シート（ふりかえりシート）20XX年5月分		20XX.5.31
			学習記録シート（ふりかえりシート）20XX年○月分		
			学習記録シート（ふりかえりシート）20XX年○月分		

学習者：

教師：

【質問90】
ポートフォリオには何を入れるか、表6を参考に考えてみましょう。まず、表6の内容一覧では、いつ、何を入れるようになっているか、次の質問に答えながら見てください。

(1) 表6の内容一覧の場合、「クラス内活動」の記録については、教師がいくつかの内容を指定して、クラス全員が同じ活動の記録を入れるようになっています。「クラス内活動」については、何を、どのぐらいの頻度で入れていますか。技能のバランスはどうですか。

(2) 「クラス外活動」の記録については、学習者が自分で選んだ任意の活動の記録を入れるようになっています。「クラス内活動」の記録と比べて、どんな特徴がありますか。ほかに学習者が任意に入れる物としては、どんな物が考えられますか。

(3) 表6の内容一覧の場合、ほかにどんな物を入れるようになっていますか。その頻度はどうでしょうか。

実際にポートフォリオに何を入れるかは、それぞれのコースの事情をよく考えて決めることが大事です。下の質問を通して、具体的に考えてみましょう。

【質問91】
表6の例では、①「クラス内活動」と②「クラス外活動」の記録、③「自己評価チェックリスト」と④「学習記録シート」を入れるようになっていますが、あなたのコースの場合、①〜④のそれぞれについて、具体的にどんな物を入れる可能性があるか話し合ってください。

【質問92】
はじめてポートフォリオを導入するときには、まずは何か1種類だけを選んでもいいでしょう。何か1種類だけを取り上げて、記録（保存）を試してみるとしたら、あなたは何を選びますか。

ポートフォリオの第一歩として何から始めるべきかは、コースの目標や学習者のニーズによることで、決まった答はありません。たとえば、クラスで書いた作文をファイルに保存しておくだけでも、それが1年以上の長期間にわたれば、学習者の成長の過程を示す大事な資料になります。テストだけでは測れない学習の側面を記

録し、保存するというポートフォリオの目的を大事にして、できることから始めていきましょう。

【質問 93】
ポートフォリオはどこに置くといいでしょうか。①学習者の机（あるいはロッカー）、②教師の机（あるいはロッカー）、③教室内の共有スペースについて、それぞれ利点と問題点を話し合ってください。また、あなたの学校の場合、どこに置くのがいいか、具体的に考えてみてください。

　一般的に、ポートフォリオは、学習者も教師も自由に手に取れる場所に置くといいでしょう。また、それがいつも日本語の授業を行う教室内であれば、授業の中でポートフォリオの中身の確認や自己評価を行ったり、学習者同士で相互にコメントし合ったりするのにも便利です。

3-3. ポートフォリオの評価はどのように行うか

　ポートフォリオに入れられた成果物の評価を教師が行うにあたり、時間をかけずに、できるだけ客観的な評価を行うためには、次のことが有効です。
(a) 各成果物について評価シートを作っておく。
(b) 成果物を見たら、すぐコメントを書いておく。

　(a) の評価シートは、パフォーマンスを評価する際に、評価の観点と基準を記述した表です。評価シートを使うと、評価が安定して信頼できるものに近づきます。また、活動に先立って学習者にも評価シートを提示しておくことで、評価の基準や今後の指針を教師と学習者が共有することも可能になります。

　では、具体的な例を見てみましょう。次は、アメリカの高校で日本語を教えているエミリー・リチャードソンさんが学習者に与えた「日本旅行」という課題とその評価のための評価シートの例です（原文は英文）。

課題：「日本旅行」

4人のグループで日本を旅行する計画を作りなさい。4人のメンバーは、それぞれ歴史、芸術、自然環境、スポーツの専門家の役になり、ウェブサイトの情報を参考にして、自分の専門の観点から訪ねる場所を考えなさい。4人で相談し、7日間で、どこに行くか、どうやって行くか（交通機関）、何をするか、具体的な計画を立て、写真に説明文をつけたポスターを作りなさい。

評価シート：

	初期／基礎 1	発達途上 2	達成 3	模範的 4
旅行計画の創造性	日本の地理や文化の特徴を計画に取り入れる努力がある程度見られる。	日本の地理や文化に関するさまざまな複数の特徴を計画に取り入れる努力が見られる。	日本の地理や文化について真正で適切な特徴を取り入れて、創造的な計画が立てられた。	日本の地理や文化について真正で適切かつ多様な特徴を十分に取り入れて、創造的な計画が立てられた。
4人の専門家の役割	4人すべての役割が計画に反映されているとは言えない。	4人すべての役割が計画にある程度は反映されている。	4人すべての役割が計画に反映されている。	4人すべての役割がすばらしい計画に十分反映されている。
7日間の使い方	7日間の計画としては無理があり、実現が難しい。	7日間の計画としては少し無理がある。	7日間で行ける範囲の重要な場所が選ばれた計画は実現可能である。	7日間で行ける範囲の重要な場所が選ばれた計画は十分実現可能である。
ポスターに使われている写真の質	ポスターには計画と関連のある写真がほとんど使われていない。	ポスターには計画と関連がある写真が使われている。	ポスターには計画に合った写真が使われている。	ポスターには計画によく合った写真が効果的に使われている。

　この課題では、作ったポスター、ポスターを使いながら計画を発表した時の録画などとともに、このような評価シートによる評価をポートフォリオに入れることになっています。

注：この課題と評価シートは、サンディエゴ州立大学のWebquest Projectのテンプレートに基づいています。
　（https://webquest.org/sdsu/designpatterns/all.htm　最終アクセス日　2023年2月10日）

考えましょう

【質問94】

この「日本旅行」の課題と評価について、次のことを話し合ってください。
(1) 評価の観点についてどう思いますか。評価の観点としてほかにも考えられるものがあったらあげてください。
(2) あなたの学習者だったら、この課題は現実的ですか。あなたの学習者にも旅行の計画を立てるような課題を与えるとして、どんな課題にしたらいいですか。また、その際、どんな評価の観点が適当ですか。

次に、コメントについて考えます。ポートフォリオに入れられた成果物のうち、クラス内活動として学習者全員が行った活動については、共通の評価基準を設けて評価シートを作ることが有効ですが、各学習者が自分で選んで入れる成果物については、それを見た時点でコメントを残しておくといいでしょう。コメントの観点としては、次のようなことが考えられます。

- この成果物で学習者はどんな知識あるいは能力を示しているか。
- （前回の評価時など過去のパフォーマンスと比べて）どんな成長があるか。
- 今回のパフォーマンスで改善が必要なのはどんな点か。

3-4. 自己評価の力を育てるために

すでに述べたように、ポートフォリオは学習者自身が評価に関わること、すなわち自己評価が最も重要です。

考えましょう

【質問95】

学習者の自己評価を促すためには、具体的な質問を投げかけることが有効です。達成度が高いか低いかだけでなく、**どのような進歩が得られたのか**という質的評価のコメントを学習者から引き出すためには、どんな質問が有効でしょうか。話し合って、質問の例をできるだけたくさんあげてください。

> 例1：このパフォーマンス（たとえば自己紹介の録音）でよくできたと思うのはどんな点ですか。
>
> 例2：このパフォーマンスで難しかったのはどんな点ですか。

　上の例1の質問をさらに掘り下げれば、次のような質問が考えられます。
● このプロジェクトを先学期のプロジェクトと比べると、どのような点が違いますか。
● 先学期から進歩があったのはどのような練習をしたからだと思いますか。
　具体的な進歩（たとえば、「発音がきれいになった」「長く話すことができるようになった」など）を確認し、そのための学習方法についても意識させることができます。

　また、例2の質問を掘り下げれば、次のような質問が考えられます。
● 難しかったことを解決する方法としてどのようなものがありますか。
　このような質問をすることで、辞書を引く、教師や友だちに質問する、クラスメートの発表をよく聞いて上手だと思うところを学ぶ、発表の練習を録音して自分で聞いてみるなど、学習の質を上げるための方法（学習ストラテジー）を意識させることも可能です。

　一方、学習者が自分自身で選んだ成果物については、「なぜこれを選んだのか」を問うことが重要です。「なぜこれをするのが楽しかったのですか」「どんな点がよくできたと思いますか」「次はどんなことをしたいですか」なども自己評価を引き出すために有効な質問です。
　学習者の自己評価を教師が共有するための1つの方法は、上で考えたような質問を学習者に提示し、それに対する回答を書いて提出させることです。複数の質問を提示して次のような指示を出してもいいかもしれません。
　「これらの質問の中からあなたが答えられるものを選んで答えてください。質問にないことについてあなたが感じていることを書いてもかまいません。」
　各学習者と個別に面談する時間を取り、上で考えたような質問について直接やりとりすることができれば、さらに有効です。ただ、その場合も、学習者に事前に質問を提示し、考えておいてもらうと、面談でのやり取りがスムーズになります。また、学習者から自己評価を引き出すための面談では、次のことが重要です。
　①学習者が中心になって話せるようにし、教師は聞く役割になる。

②学習者がどんなことを言ってもそれを否定しない。

整理しましょう

　評価の内容や方法は、学習者に大きな影響を与えます。テストに会話部門を含めることで学習者が会話の練習に力を入れるようになるのと同じように、ポートフォリオ評価を導入することで、学習者は（いつも評価される側なのではなく）自分が評価する主体であることを学びます。ポートフォリオ評価を長く続けることで、学習者は自分の能力や学習を客観的に見られるようになり、学習の結果に自分で責任を持つ態度も生まれることと思います。つまり、ポートフォリオ評価は、学習者の成長を測る「ものさし」を学習者自身の中に育てることだと言えます。

《解答・解説編》

1 「学習を評価する」とは

1-1. 誰のための評価か

■【質問1】本文参照

1-2. 何を目的とした評価か

■【質問2】(解答例)

(1) プレースメント・テスト：受験者の日本語力を調べ、その学校でどのクラスに入るのが適当かを決める。また、結果としてそれぞれのクラスに入ることになった受験者のニーズとレディネスを調べ、指導計画の参考にする。／(b) また、診断の目的もある。

(2) 小テスト：前回の授業、教科書の前の課の学習項目など最近の学習内容をどれだけ身につけたかを調べる。指導を次の段階（次の課や次の学習項目）に進めてよいか判断する材料とする。／(a)

(3) コースの定期テスト：受験者がそのコースで学習した内容をどれだけ身につけたかを調べる。同時に、指導計画がどれだけ成功し、指導目的がどれだけ達成されたかを調べる。／(a)

(4) 卒業試験／修了試験：受験者がその学校を卒業（あるいはコースを修了）するのに十分な日本語を身につけたかどうかを調べる。その目的から、一定のレベルの日本語能力を持っているかどうかを判断する。「一定のレベルの日本語能力」とは何かについては、コースが実行した指導の内容とよく照合して決める必要がある。／(a)

(5)「日本語能力試験」：受験者の日本語能力が日本語学習のどの段階（N1～N5）にあるかを調べて認定する。／(b)

■【質問3】本文参照
■【質問4】略
■【質問5】本文参照

1-3. どんな能力を評価するか

■【質問6】（解答）
(1) 言語構造的能力　(2) 言語構造的能力　(3) 受容　(4) 産出　(5) 受容
(6) やりとり　(7) 産出　(8) やりとり　(9) 語用能力　(10) 社会言語能力

■【質問7】本文参照

1-4. 評価の方法

■【質問8】本文参照
■【質問9】本文参照

1-5. 学習者にとっての評価

■【質問10】本文参照

■【質問11】（解答と解説）
　学習者は、(1)が出題されるなら本文の中の新しい単語を中心に学習し、(2)が出題されるなら本文の音読練習に力を入れ、(3)が出題されるなら、さまざまな誘いの設定を考えてクラスメートとロールプレイの練習をすることが考えられる。このように学習者の学習はテストの出題内容によって大きく方向づけられる。

■【質問12】（解答例）
　フィードバックの役割としては、次のようなことが考えられる。
・学習者が「○○ができた／できなかった」ことを示す。
・学習者の長所（得意なこと）・短所（不得意なこと）を知らせる。
・目標に到達する過程で現在どのあたりにいるのかを知らせる。
・短所を補うための学習方法を提案する。
・より早く目標に到達するための学習方法について提案する。

2 テストによる評価

2-1. テストが測るもの

■【質問13】本文参照

■【質問14】本文参照

■【質問15】（解答例）

　【B】のようなテキストを読むことは、そのテキストの内容が学習者のニーズに合っていれば、日常生活でも必要になる。ただし、日常生活では、多肢選択で理解を確認されるようなことはない。【C】のように町の様子を描写して伝えることは、日本人のペンパルに自分の町の様子を伝える、旅行先の様子を手紙やメールで知らせるなど、日常生活においても起こる。ただし、このテスト例のように、目的がわからないままに「この絵を見ていない人に伝える」ことはなく、また「10分以内に」というような時間制限をつけられることもない。【D】のようにパーティーなどの集まりに誘ったり、誘われたりすることは日常生活でよく起こる。また、相手が友だちなど親しい人である場合と先生など目上の人である場合で言い方を変えることも日常生活では重要である。

■【質問16】本文参照

■【質問17】（解答例）

　①の観点から採点すれば、「残念だなんですが」「あの日は」「先生がさそっていただいて」など誤りが目立つが、②の観点から採点すれば、誘いへの感謝の気持ちや断ることへの残念な気持ちなどが十分表現されていて評価できる。

■【質問18】（解答と解説）

【A】：(a)　　【B】：おもに (a)(c)(e)　　【C】：(a)(c)(d)　　【D】：(a)(b)(c)(f)

　このようにして見ると、【A】は「JFスタンダードの木」の「根」の部分を、【B】【C】【D】は「根」と「枝」の両方を測っている。【D】のようなロールプレイでは、「枝」（コミュニケーション言語活動）を直接的に測っているが、同時に「枝」を支える「根」の言語能力も測っている。

【質問19】（解答）

	(1) 測る対象を特定	(2) 客観的な採点が可能	(3) 実生活の言語使用
【A】	○	○	×
【B】	×	○	△
【C】	×	×	○
【D】	×	×	○

2-2. テスト作成の留意点

【質問20】（解答と解説）

　(1)の問題では、形容詞の意味に関する知識を測ることができる。ただし、(1)の4)では、まず、正解が2つ（「ゆうめいな」と「たかい」）ある点が問題である。また、「きれい」「しろいな」は意味ではなく形式の誤りなので、4)は形容詞の意味だけでなく形式に関する知識も測ることになり、1) 2) 3)とは測るものが異なる。さらに、「しろいな」のように誤った形式の選択肢があることも（学習者に誤ったインプットを与えてしまうということから）避けるべきであろう。

　(2)の問題では、形容詞の形式に関する知識を測ることができる。しかし、実際の言語運用の中で学習者がこのような形式を適切に使えるかどうかは、このような問題だけでは測ることはできない。

　(3)の問題では、訪問の会話で使われる表現の意味と形式に関する知識を測ることができる。(1)(2)のように単文ではなく、具体的な場面がある談話形式になっている点で、実生活の言語使用に一歩近づいていると言える。しかし、実生活の言語使用を測るという観点からは、「読む会話」である点で妥当性が低い。また、実生活では、たとえば「もう一杯いかがですか。」と言われて、必ずしも「いいえ、けっこうです。」と応じる必要はなく、「ありがとうございます。いただきます。」でもよいし、「そうですか。じゃ、もう少しお願いします。」でもよいのだが、筆記テストにおける会話では、このような自由会話の応用力を測ることには限界がある。

　この課の言語行動目標を達成しているかどうかを測る方法については、本文の解説を参照。

【質問21】本文参照

■【質問22】（解答と解説）

　評価の観点としては、伝えている情報の量、正確さ、全体のまとまり（文と文の関連性があるか）などが考えられる。それぞれの観点について、A（現在の学習段階から考えて十分よい）、B（標準的・平均的）、C（不足）の評価、あるいは4点満点などの評価をつけてもよいだろう。また、このような評価の基準は、テスト前に学習者に提示し、作文がどんな観点から評価されるかを学習者によく理解させておくことも大事である。

■【質問23】（解答例）

　たとえば次のような問題が考えられる。

・日本人の友だちにあなたの学校の様子を話して（書いて）ください。建物や教室、先生や友だち、授業のことなど、あなたの学校の特徴だと思うことを話して（書いて）ください。
・あなたは去年の夏休みにどこに行きましたか。そこはどんな所だったか話してください。
・日本人のペンパルに、あなたの町の様子を伝える手紙を書いてください。

■【質問24】（解説）

　「今日は何曜日ですか。」「今は何時何分ですか。」といった質問には、教師がすでに答を知っていることについて学習者が正しく答えられるかどうかチェックする機能しかない。また、これらの質問には相互の関連がないために、これらの質問を次々と聞いていくことで文脈のないやりとりになってしまう。インタビューテストでは、たとえば「昨日、どこへ行きましたか。」という質問に対する答（たとえば「ショッピングセンターに行きました」）を受けて次の質問（たとえば「何か買いましたか」）につなげていき、短くても自然な文脈を持ったやりとりにすることで真正性を保つことができる。

■【質問25】（解答例）

　言語を分解して知識を測る問題が多く出題されると、学習者はそのような問題で正解できるように、文字、語、文型の復習や練習をたくさんしたほうがいいと考えるだろう。しかし、このような練習だけをくり返しても、実際の場面で運用できる能力を身につけることは難しい。このような練習は、実際の言語使用とは関係が薄いため、このような練習ばかり行っていると、学習者の言語使用に対する動機づけが弱くなる可能性がある。

■【質問26】本文参照

2-3. テストの問題例―言語知識を測るテスト―

■【質問27】本文参照
■【質問28】本文参照

■【質問29】（解答と解説）
　この問題は、「棄権」という漢字熟語が読めるかどうかを測ることを目的とした問題だが、正解するには、選択肢になっている4つの漢字熟語も読めなければならない。つまり、1つの問題で5つの漢字熟語の読み方の知識を測る問題となっている。

■【質問30】本文参照
■【質問31】本文参照
■【質問32】略

■【質問33】（解答）

例1-2　④母語で読んで、a. 文字にする
例2-1　②音を聞いて、c. 絵を選ぶ
例2-2　①字を読んで、d. 母語にする
例3　　⑤やさしい日本語で読んで、a. 文字を選ぶ

■【質問34】略

■【質問35】（解答と解説）
　「先生」も「教師」も「教えることを仕事とする人」という意味だが、「先生」は一般的に自分自身に対しては使わない。初級のクラスでは、「私は教師です／Aさんは先生です」という表現を使って職業について説明する場面を作り、2つの語の使い分けがわかればよい。テストでも、次のような問題で「教師」か「先生」のうち適切なほうを選ぶことができれば、教えたことの理解を確認することができる。

> （　　　　）の中に入る語を□の中から選んで入れなさい。答は1回だけしか使えません。
>
> (1) わたしはリーです。わたしは日本語の（　　　　　）です。
> (2) ミヒャエルさんは、ビール会社の（　　　　　）です。
> (3) チョウさんは、コンピュータの会社の（　　　　　）です。
> (4) A：あのかたはどなたですか。
>   B：田中さんです。田中さんはわたしの日本語の（　　　　　）です。
>
> > a. 銀行員　b. 教師　c. エンジニア　d. 先生　e. 社員

■【質問36】本文参照

■【質問37】本文参照

2-4. テストの問題例―統合的な運用を測るテスト―

■【質問38】（解答例）

　①は学習者のレベルに合った文章が選びやすい。しかし、学習者が持っている市販教材や、学習者が利用する図書館や書店にある市販教材の場合は、学習者がすでにそのテキストを読んだことがある可能性があり、妥当性の点で注意が必要である。②は真正性が高いという長所があるが、初級・中級の学習者には一般的に難しくなってしまう。③は学習者のレベルや興味・関心が自由にコントロールできるという長所があるが、かなりの時間とエネルギーを必要とすることから多くの教師にとってあまり現実的な方法ではないかもしれない。

■【質問39】（解説）

　「わたし」があげたりもらったりした品物や家族構成を変えることで難易度が同程度の文章を作ることができる。また、その際、学習者の年齢や環境を考えて品物や家族構成を変えると学習者にとって身近な文章になる。

■【質問40】（解説）

　市販教材の中にも「生のテキスト」をもとに作っているものがあるが、比べてみると、「生のテキスト」には未習の語や漢字がかなり使われていることがわかる。たとえば「テ

キスト例B」には、「勤務時間」「交通費支給」「制服貸与」「おそうざい」「お気軽に」など初中級の学習者にとっては難しい語がたくさん入っている。また、「赤羽」「王子」などの地名や「駅ナカ」などの略語なども特に海外の学習者にとっては理解しにくい。しかし、未習の語や漢字があっても、推測したり、必要な情報を選別するなどして実生活における読む力を測ることができるのが「生のテキスト」の利点である。難しくても本物のテキストで必要なことが理解できた喜びは、学習者の動機づけになると思われる。

【質問41】（解答例）

・急に止まらないで、ゆっくりスピードを落としながら、道路の左側に止まりましょう。
・車をはなれるときは、ドアをロックしないでください。キーはつけておきましょう。
・カーラジオの情報をよく聞いて行動しましょう。

【質問42】（解説）

　自分が教えている学習者はどんなことをどんな順番でするかを考えて、学習者がよくすることを取り入れた文章にすれば、同じテーマでも市販教材のテキストより親しみが感じられる。また、学習者と同年齢の日本人の生活や、学習者が関心を持っている人（たとえばアニメの主人公や有名人）の1日を文章にすることで、読む楽しさが加わる。文章の例としては、p.58の「ぼくの一日」を参照。

【質問43】（解説）

　全面的に作り直さなくても、たとえば「あおい美術館」「なにわ図書館」を自分が教えている学習者にとって身近な固有名詞に変えれば学習者にとって身近な聞き取りになる。また、聞き取りのポイントになっている曜日や時間なども変える。そうすることで、この練習問題を授業の中で使ったことがある場合でも、授業での練習と同じような難易度のテスト問題を作ることができる。

【質問44】本文参照

【質問45】（解答）

(a)：(2) 信頼性　(b)：(3) 真正性　(c)：(1) 妥当性

【質問46】　本文参照

【質問47】（解答例）

①の例（質問は母語でも可）

> のび太は次のことをどんな順番でしましたか。（　）に番号を書きなさい。
>
> （1）おきます
>
> （　）パンを食べます
>
> （　）学校に行きます
>
> （　）やきゅうをします
>
> （　）しゅくだいをします
>
> （　）アイスクリームを食べます

②の例（質問は母語でも可）

> のび太は次のことをどんな順番でしましたか。（　）に番号を書きなさい。
>
> 　（1）　　（　）　　（　）　　（　）　　（　）　　（　）

【質問48】本文参照

【質問49】（解答例）

　質問例 e のほうがやさしい点としては、①聞く前に「リサイクルのためにペットボトルの回収が始まる」というニュースの概要が与えられていること、②聞く前に質問を読んで聞き取りのポイントを決め、店の数や何月からかなど、部分的な情報だけ聞き取れば解答できることなどがあげられる。一方、質問例 d は、ニュース全体を聞いて、さまざまな情報の重要性や関連性を判断しなければならない点が難しくなっている。ただし、質問例 d は解答が選択式である点は負担が少ない。

【質問50】（解答）

　(1)(2) は部分的な理解を求める質問、(3)(4) は全体的な理解を求める質問。

【質問 51】（解答と解説）

(5) の解答例：仕事ができること、女性が働くことに理解があること、性格がやさしいこと、夫のお母さんといっしょに住まなくてもいいこと、話がおもしろいこと、都会に住むこと

(6) の解答は省略

　(5)はテキストに書かれていることを正確に読み取る能力を測っているのに対し、(6)ではテキストを正確に読み取った上で自分の考えを述べる能力を測っていることから、(6)のほうが難易度が高いと考えられる。(5)(6)とも記述式である点は同じだが、(5)はほとんどテキスト内の言語形式を使って答えられるため、採点もさほど複雑ではない。しかし、(6)は意見を書く課題であることから、解答の適切さを判断するのが難しい。たとえば、京子さんの考えをよく理解した上で賛成（あるいは反対）の意見とその理由が書かれていることなど、採点の指標を明確に決めておく必要がある。（p.70で紹介するような評価シートを利用することもできる。）本文解説も参照。

【質問 52】本文参照

【質問 53】（解答）

長所：総合的な日本語力を測ることができる。部分的な理解だけでなく、文章全体の理解を測ることができる。作成が簡単。

短所：もとの文章とは違っても文章として正しい答が複数ある場合が生じる。たとえば、「自分であんだ（　　）いマフラーを」は、もとの文章では「白いマフラー」だが、「赤いマフラー」「軽いマフラー」なども文章として間違いではない。文章全体から考えて間違っていない答は正答として認めるなど、方針を決めておくことが大事である。

【質問 54】（解答例）

質問例：以下の質問例は、いずれも、わからない語を文脈から推測したり、情報を選別して答える問題。質問は母語でよい。

---

(1) この材料でハンバーグはいくつできますか。

(2) この料理に使うやさいは何ですか。

(3) 「小麦粉」とは次のうちどれですか。[a. pepper,　b. soup cube,　c. crumb,　d. flour]

　※（選択肢は母語で）

(4) たまねぎ、塩・こしょう、ナツメグなどは、肉とまぜます。たまねぎとナツメグではどちらを先に入れますか。

(5)「こねる」とはどんな意味ですか。推測して、意味が近いことばを選んでください。
　　[a. to fry,　b. to mix,　c. to boil,　d. to add]　※（選択肢は母語で）

【質問55】 本文参照

【質問56】

	①誰に対して	②どんな目的で	③どんな方法で
A	不明	不明	不明
B	友だち	友だちの依頼に応えられないことを伝えるため	メール
C	不明	自分の意見を伝えるため	不明

【質問57】略

【質問58】（解答例）

テスト例A：地元の日本人学校を訪ねたとき、小学校6年生のクラスで自分と自分の学校を紹介する3分程度のスピーチをしなさい。／地元の日系企業にアルバイトのための面接に行ったとき、自分の経歴やアルバイトをしたい理由などを説明するスピーチをしなさい。

テスト例B：あなたの学校を訪問してくる日本人から電話があり、道順を聞かれたので説明しなさい。

テスト例C：次のロールカードを読んでロールプレイをしなさい。

> ロールカードA
> あなたは電車の中に絵のようなかばんを忘れてしまいました。駅の忘れ物係に電話して、係の人と話してください。

> ロールカードB
> あなたは、駅の忘れ物係です。学生がかばんを忘れたと電話してきました。どんなかばんで、中に何が入っているか質問し、イラストを見てそのかばんがあるかどうか確認してください。

【質問59】（解答例）

①教師と学習者が1対1で話をすれば、じっくり発話を聞き、丁寧な対応をすることができるが、学習者が緊張してしまう可能性もある。教師が相手をするときは、最初に学習者の緊張をほぐすような工夫が必要である。

②学習者同士をペアにする場合は、同じ時間で2人の学習者をテストすることができるため、時間が節約できる。しかし、同じ学習者でもペアを組む相手によって、うまく発話できる場合とそうでない場合が生じてしまう可能性もあるので、1人ずつの発話量が十分にあるようなタスクにするなどの注意が必要である。

【質問60】（解答例）

テストが終わった学習者は別の部屋で待たせておくなど、これからテストを受ける学習者とすでにテストが終わった学習者が接触しないような工夫が必要である。また、ロールカードの内容やスピーチのテーマを複数用意しておくのも1つの方法だが、その場合は、複数のテーマが同じレベルであることをよく確認する必要がある。

【質問61】（解答例と解説）

「全体のまとまり」という観点からは、解答例(a)は3点、解答例(b)は4点、解答例(c)は2点と評価できる。このテストでは「この町の様子について、この絵を見ていない人に伝えるつもりで文章を書きなさい。（10分以内）」という指示があり、絵の全体（一部だけでなく広い範囲）を描写していることも「全体のまとまり」の評価に加えた。

「正確さ」については、誤りの数とわかりやすさで判断すると、解答例(a)は4点、解答例(b)は2点、解答例(c)は2点と考えられる。なお、下の解答例の中で明らかな誤りの箇所に下線を引いた。

「量」の観点からは、解答例(a)は3点、解答例(b)は4点、解答例(c)は1点と評価できる。なお、このテストでは解答時間が「10分以内」と制限されていることから、時間内に書ける「量」を評価の観点の1つにした。

以上から総合点を計算すると、解答例(a)が10点、解答例(b)が10点、解答例(c)が5点となる。

> 解答例(a)：ここはとてもにぎやかな町です。人がたくさんいます。車もたくさん走ります。店もたくさんあります。ロシアりょうりやタイりょうりやインドりょうりです。音楽の店もあります。電車の中に人がたくさんいます。遠くに山が見えます。

解答例(b)：私はいま町が見えます。とてもにぎやかな町ですから、いろいろな店やレストランがあって、<u>多い人</u>が買いものしたり、歩いたりします。アイスクリームの店では、人がたくさん<u>ならびます</u>から、アイスクリームがおいしいと思います。それから、電車も走って、ここは駅に<u>近いそうです</u>。電車の中で、<u>みなさん</u>は話したり本を読んだりしています。<u>ふじ山みたいの山</u>があって、大きい木があって、とてもいい町です。

解答例(c)：人がたくさんいます。店とレストランがいろいろあります。人たちは<u>買い物です</u>。<u>人たちは電車の中にもです</u>。

■【質問 62】（解答例）

・学習者がどう評価されるかということをテスト前から学習者に伝えておくことができる。
・客観的で安定した評価ができる。
・学習者のパフォーマンスに対して（得点による評価だけではなく）質的なフィードバックができる。
・学習者の今後の学習に対して具体的な指針を示すことができる。
・評価の結果（ある学習者がなぜ○点なのか）が説明できる。
・評価にあまり時間がかからない。

■【質問 63】本文参照

2-5. テストの設計

■【質問 64】略
■【質問 65】略
■【質問 66】略
■【質問 67】本文参照

■【質問 68】（解答例）

・わたしは学生です。リアさん（　も　）学生です。
・わたしたちは、毎日、7時半（　に　）起きます。
・そして、バス（　で　）学校（　へ／に　）行きます。

・じゅぎょうは、ごぜん9時（　から　）ごご3時（　まで　）です。
・にほんご（　の　）じゅぎょうは、とても　おもしろいです。

【質問69】（解答と解説）

　例1は、教師の発音を聞いて漢字を書く問題だが、評価の観点が、音を聞いて意味を理解する力と、漢字の知識の2つになっている。そのため、「はたち」を「二十歳」ではなく「20歳」と書いても間違いとは言えず、採点に困ることになる。この問題は、音を聞かせるのではなく、文の中で漢字に直す部分に下線を引き、書かせる形式にしたほうが測りたい能力を1つに絞ることができる。また(2)は、文法的には正しいが、不自然で、実際には使われない文である。問題文は、文法的に正しいだけでなく、自然な文になるようにする。

　例2は、語彙の問題だが、何の制約もないため、空所にいろいろな答を入れる可能性がある。また、意味がわからなくても何か知っている形容詞を入れれば正解する可能性もある。このようなことを避けるため、語群の中から選ばせたり、絵を入れたりして、答が絞られるように工夫するとよい。

　例3は、AとBのやりとりになっているが、(1)は答がBの発話の中に入っている。これほど近いところでなくても、ある問題の答やヒントがどこかに隠れていることはときどきあるため、テストを作り終えたら、全体を見渡してチェックするようにするとよい。(2)は、「A：ワインはいかがですか。B：けっこうです／どうも。」「A：ワインはけっこうです。B：そうですか。」のように、学習者がどんな場面を想像したかによって、複数の答が出る可能性がある。場面がはっきりとわかるようにするには、絵をつけたり状況説明の文を加えたりするとよい。

　例4(1)の正解は、「助詞なし」だが、その場合どのように書けばいいのか指示が書かれていない。そのため、学習者は答を無理に考えて入れる可能性がある。余計な負担をかけないよう、指示文は「助詞が不要の場合は×を記入しなさい。」のように、何をすればいいのか、どう答えればいいのかがわかるような書き方をするようにする。(2)は、「紳士服」という語を習っていない可能性がある。知らない語や文法が多くありすぎるとその影響を受けて正確な知識や能力が測れないため、問題を作るときは語や文のレベルが学習者に適当かどうかの判断も忘れないようにする。

　例5は○×の問題だが、答が全部×でバランスが悪くなっている。同じ数字や記号が続くと不安を感じる学習者もいるため、正答の配置やバランスにも十分気をつけるようにする。

【質問70】（解答）

　問題用紙と解答用紙が別々だと、問題用紙に一度答を書き最後にまとめて解答用紙に書き写そうと考えていた学習者がいた場合、時間切れで未記入のまま提出することになってしまう可能性がある。そして、教師には、テスト終了直後、両方を短時間で回収し、そろっているかどうかを確認する手間が生じる。これらの短所がある一方で、回収後は次のような長所がある。教師は扱う紙の量が少なくて済み、2人の教師が交換し合う際も受け渡しが簡単になる。実際の採点では、何枚も紙をめくる必要がなく視線を動かす負担が減り、合計の計算が容易にできるようになる。問題用紙と解答用紙をいっしょにした場合は、長所と短所が逆になる。

【質問71】（解答例と解説）

　「引っ越しのあいさつに行く」だけでは、どんなことを話せばいいのか、指示が少なすぎるため、期待したロールプレイにならない可能性がある。ロールカードの書き方にはいろいろなフォームがあるが、ここでは、評価の観点をはっきりさせるため、やらなければならないこと、言わなければならないことの指示まで細かく書き記した例を示す。

　例（説明は母語で書く）

役割：日本に住んでいる外国人

状況：あなたは新しいマンションに引っ越しました。となりには、同僚の日本人Aさんが住んでいます。Aさんのところに行って引っ越しのあいさつをしてください。

手順：①Aさんの部屋を訪問してください。

　　　②国から持ってきたおみやげを渡してください。

　　　③家の中に入って、コーヒーを飲みながら、Aさんや、はじめて会うAさんの家族とやりとりをしてください。

　　　④帰る時間が来たので、タイミングを見て、家に帰るためのあいさつをして部屋を出てください。

　また、ロールプレイは次の観点で評価するということを事前に伝えておいたほうがよい。

・与えられた課題を達成することができるか
・丁寧なことば遣いと態度で話すことができるか
・学習した語彙や文法を間違えずに、使うことができるか
・わかりやすい発音で話せるか

▌【質問 72】（解答例）

① チェックポイント (1) 〜 (3) のうち、2 つを達成することができる。

② タイミングよく自然に、丁寧なことば遣いと態度でコミュニケーションを行うことができる。

③ 間違いが多く、学習した語彙や文法を使うことができない。

④ 聞き取りにくいところはほとんどなく、理解できる。

▌【質問 73】本文参照
▌【質問 74】本文参照
▌【質問 75】本文参照

2-6. テスト得点の分析

▌【質問 76】本文参照

▌【質問 77】（解答）

識別力がマイナスになった問題は、総得点の上位グループのほうが下位グループより正答率が低いということである。総得点の高い学習者よりも、総得点の低い学習者が正答できた問題なので、識別力が低く、測るべき能力を適切に測っていない可能性が高い。

▌【質問 78】（解答）

1 クラスは 70.4、2 クラスは 69.5、3 クラスは 70.1 となり、ほぼ同じである。

▌【質問 79】本文参照

▌【質問 80】(解答)

学習者番号	3クラス
1	100
2	100
3	100
8	100
12	100
18	100
4	90
14	89
5	85
6	⦿82
15	79⦿
7	70
平均値	70
中央値	80.5

▌【質問 81】(解答)

3クラス

得点	人数
0〜10	0
11〜20	1
21〜30	1
31〜40	2
41〜50	2
51〜60	1
61〜70	2
71〜80	1
81〜90	4
91〜100	6

■【質問 82】（解答）

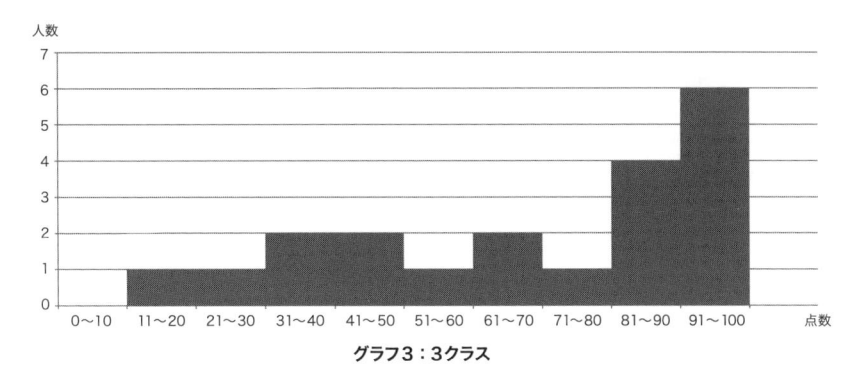

グラフ3：3クラス

■【質問 83】（解答例）

1クラスでは、ほとんどの学習者の得点が50点台〜80点台の間に収まっている。教師は、成績下位の学習者に注意しながら今後も今まで通りの授業を続けてよさそうである。

2クラスは、11〜20点、21〜30点、31〜40点という低得点の人がいる一方で、81〜90点、91〜100点がそれぞれ3人と高得点の人もいる。教師は早いうちに低得点の学習者への対応を考える必要がある。

3クラスには91〜100点が6人もいる一方で、それ以外の14名は10点台から80点台の間に散らばっている。教師は理解が不十分な学習者への対応を最優先に考えながら、一方で能力が高い学習者も満足させるという難しいクラス運営の方法を考えなければならない。

■【質問 84】（解答）

2クラスの標準偏差は22.8。3クラスの標準偏差は28.4。

3 テストによらない評価

■【質問 85】本文参照

3-1. ポートフォリオとは

■【質問 86】（解答例）

テストでは、学習者は「評価される」立場であるのに対し、ポートフォリオ評価では学習者自身が評価に参加することができる。学習者は、ポートフォリオに入れた学習の記録や成果物をふり返ることで、自分の日本語能力の伸びを実感したり、弱点に気づいたりし

て、自己評価の力をつけることができる。

3-2. ポートフォリオには、いつ、何を、どのぐらい入れるか

■【質問 87】本文参照
■【質問 88】本文参照
■【質問 89】本文参照

■【質問 90】（解答例）
(1)「クラス内活動」については、4/30（自分の発表の録音とコメントシート、クラスメートの発表を聞いて書いたコメントシート）、5/25（ポスター）、6/28（ロールプレイの録音）と、ほぼ月に1回入れている。また、「話す」だけでなく「聞く」も、文字を使う「書く」活動も記録するなど、4技能のバランスも考えられている。

(2)「クラス外活動」には、自分が好きなアニメのキャラクターなどの紹介、自分で作った日本料理の写真と、言語だけでなく文化についての学習の記録も入っている。ほかにも、ペンパルとやりとりした手紙、日本語で歌った歌の録音、日本旅行をしたときにもらったパンフレットなど、学習者が自分の興味や関心を生かした活動の記録を入れることができる。

(3) 活動の記録以外には、学習者の自己評価の記録として、コースの前後に記入する「自己評価チェックリスト」と、毎月記入する「学習記録シート」を入れるようになっている。

■【質問 91】略
■【質問 92】本文参照
　【質問 93】本文参照

3-3. ポートフォリオの評価はどのように行うか

　【質問 94】略

3-4. 自己評価の力を育てるために

　【質問 95】本文参照

【参考文献】

石田敏子（1992）『入門日本語テスト法』大修館書店

伊東祐郎（2006）『NAFL 日本語教師養成プログラム　22 日本語教育評価法』アルク

伊東祐郎（2008）『日本語教師のためのテスト作成マニュアル』アルク

大渕健二（2005）『教師のパソコン教室　エクセルで成績処理「図解」基本技集』ラピュータ

小田勝己（2000）『総合的な学習に活かすポートフォリオがよくわかる本』学事出版

オルダーソン, チャールズ・クラッファム, キャロライン・ウォール, ダイアン著、渡部良典訳（2010）『言語テストの作成と評価―あたらしい外国語教育のために』春風社

国際交流基金（2017）『JF 日本語教育スタンダード［新版］利用者のためのガイドブック』国際交流基金

国立国語研究所（1979）『日本語教育指導参考書 6　日本語教育の評価法』国立国語研究所

スリーエーネットワーク（2004）『みんなの日本語初級 I　本冊』スリーエーネットワーク

得津一郎（2002）『はじめての統計』有斐閣

根岸雅史著、金谷憲・谷口幸夫編（1993）『英語教師の四十八手第 2 巻　テストの作り方』研究社

根岸雅史・東京都中学校英語教育研究会（2007）『コミュニカティブ・テスティングへの挑戦』三省堂

ハリス, デイビッド著、大友賢二訳（1983）『英語の測定と評価』英語教育協議会

バックマン, L.F.・パーマー, A.S. 著、大友賢二・スラッシャー, ランドルフ監訳（2000）『実践　言語テスト作成法』大修館書店

肥田野直編著（1987）『教育評価』放送大学教育振興会

ヒューズ, アーサー著、靜哲人訳（2003）『英語のテストはこう作る』研究社

ヒートン, J.B. 著、語学教育研究所テスト研究グループ訳（1992）『コミュニカティブ・テスティング　英語テストの作り方』研究社出版

ブラウン, J.D. 著、和田稔訳（1999）『言語テストの基礎知識』大修館書店

古川ちかし（2002）『NAFL Institute 日本語教師養成通信講座　13 日本語教育評価法』アルク

マクナマラ, ティム著、伊東祐郎ほか監訳（2004）『言語テスティング概論』スリーエーネットワーク

Genesee, Fred and Upshur, John.A. (1996) *Classroom-based evaluation in second language education*. New York : Cambridge University Press.

【引用文献】

足立章子・黒崎典子・中山由佳（2001）『初級から中級への橋渡しシリーズ①　漢字・語彙が弱いあなたへ』凡人社

国際交流基金（2008）『日本語教師必携　すぐに使える「レアリア・生教材」コレクション CD-ROM ブック』スリーエーネットワーク

国際交流基金（2009）『JF 日本語教育スタンダード（試行版）』国際交流基金

国際交流基金（2017）『JF 日本語教育スタンダード［新版］利用者のためのガイドブック』国際交流基金（https://www.jfstandard.jpf.go.jp）

国際交流基金日本語国際センター（2002）『教科書を作ろう（改訂版）れんしゅう編 1』国際交流基金（https://www.jpf.go.jp/j/urawa/j_rsorcs/jrs_04.html）

国際交流基金日本語国際センター（2023）『JF 日本語教育スタンダード準拠ロールプレイテスト　テスター用マニュアル』（第三版）

スリーエーネットワーク（2000）『みんなの日本語初級 I　教え方の手引き』スリーエーネットワーク

日本国際教育支援協会・国際交流基金（2004）『平成 15 年度日本語能力試験 1・2 級試験問題と正解』凡人社

日本国際教育支援協会・国際交流基金（2008）『平成 16 〜 18 年度日本語能力試験 3 級試験問題と正解』凡人社

平井悦子・三輪さち子（2004）『中級へ行こう　日本語の文型と表現 59』スリーエーネットワーク

文化外国語専門学校日本語課程（2000）『新文化初級日本語 II』文化外国語専門学校

牧野昭子・田中よね・北川逸子（2003）『みんなの日本語初級 I　聴解タスク 25』スリーエーネットワーク

三井豊子・堀歌子・森松映子（1998）『中級用聞き取り教材　ニュースで学ぶ日本語パート II』凡人社

三井豊子・柏崎雅世（1991）『初級日本語問題集　読解―20 のテーマ―』凡人社

【参考にしたウェブサイト】

みんなの教材サイト　https://www.kyozai.jpf.go.jp/　最終アクセス日　2024 年 3 月 28 日

みんなの Can-do サイト　https://www.jfstandard.jpf.go.jp/cando　最終アクセス日　2024 年 3 月 28 日

とよた日本語能力判定 対象者判定の手引き　https://www.tia.toyota.aichi.jp/jp-site/download/ とよた日本語能力判定 - 対象者判定の手引き /　最終アクセス日　2024 年 3 月 28 日

ACTFL Proficiency Guidelines 2012　https://www.actfl.org/educator-resources/actfl-proficiency-guidelines/japanese/japanese-speaking　最終アクセス日　2024 年 3 月 28 日

JF 日本語教育スタンダード準拠ロールプレイテスト　https://www.jfstandard.jpf.go.jp/roleplay/ja/render.do　最終アクセス日　2024 年 3 月 28 日

WebQuest Project　https://webquest.org/sdsu/designpatterns/all.htm　最終アクセス日　2023 年 2 月 10 日

巻末資料　『みんなの日本語初級Ⅰ』第8課の学習項目及び学習目標

国際交流基金日本語教授法シリーズ9『初級を教える』p.40-41、p.47より

『みんなの日本語初級Ⅰ』第8課の新しい学習項目

語彙	青い、赤い、新しい、いい、忙しい、おいしい、大きい、おもしろい、寒い、白い、高い、楽しい、小さい、冷たい、低い、古い、難しい、易しい、安い、よい、きれい［な］、元気［な］、静か［な］、親切［な］、すてき［な］、にぎやか［な］、ハンサム［な］、暇［な］、有名［な］、あまり、そして、どう、とても、どれ、どんな〜、［お］仕事、車、桜、生活、食べ物、所、勉強、寮
文型	1. 〜は＜ナ形容詞＞です／じゃありません 2. 〜は＜イ形容詞＞です／〜は＜イ形容詞(〜ⅰ)＞くないです 3. 〜は＜ナ形容詞＞な＜名詞＞です 4. 〜は＜イ形容詞＞＜名詞＞です
その他	いいえ、けっこうです。お元気ですか。そうですね。そろそろ失礼します。日本の生活に慣れましたか。またいらっしゃってください。もう一杯いかがですか。〜が、〜。もう〜です［ね］。

『みんなの日本語初級Ⅰ』、『みんなの日本語初級Ⅰ教え方の手引き』(スリーエーネットワーク)を利用

『みんなの日本語初級Ⅰ』第8課の学習目標

言語行動目標：身の回りの事物の様子、感想が簡単に言える。
会話の目標：訪問先で日本人と日本での生活について簡単な話ができる。食事などの勧めに対する断り、辞去（訪問先を出るとき）のあいさつなどができる。

『みんなの日本語初級Ⅰ教え方の手引き』(スリーエーネットワーク)を利用

【執筆者】

横山紀子（よこやま　のりこ）
押尾和美（おしお　かずみ）
大隅敦子（おおすみ　あつこ）

◆教授法教材プロジェクトチーム

久保田美子（チームリーダー）

阿部洋子／木谷直之／木田真理／小玉安恵／岩本（中村）雅子／長坂水晶／築島史恵

※執筆者およびプロジェクトチームのメンバーは、初版刊行時には、すべて国際交流基金日本語国際センター専任講師或いは同日本語試験センター研究員

イラスト　岡﨑久美

国際交流基金 日本語教授法シリーズ
第 12 巻「学習を評価する」
The Japan Foundation Teaching Japanese Series 12
Assessing Learning
The Japan Foundation

発行	2011 年 3 月 31 日　　初版 1 刷
	2025 年 4 月 2 日　　　11 刷
定価	1100 円 + 税
著者	国際交流基金
発行者	松本 功
装丁	吉岡 透 (ae)
印刷・製本	三美印刷株式会社
発行所	株式会社ひつじ書房

〒 112-0011　東京都文京区 千石 2-1-2　大和ビル 2F
Tel : 03-5319-4916　Fax : 03-5319-4917
郵便振替　00120-8-142852
toiawase@hituzi.co.jp　https://www.hituzi.co.jp/

Ⓒ 2011 The Japan Foundation
ISBN978-4-89476-312-8

造本には充分注意しておりますが、落丁・乱丁などがございましたら、小社かお買い上げ書店にておとりかえいたします。

ご意見・ご感想など、小社までお寄せくださされば幸いです。